# 儿童情商课

含含妈咪 著

天津出版传媒集团

天津人民出版社

图书在版编目（CIP）数据

儿童情商课 / 含含妈咪著. -- 天津：天津人民出
版社，2018.7
ISBN 978-7-201-13136-8

Ⅰ．①儿… Ⅱ．①含… Ⅲ．①情商—儿童教育—家庭
教育 Ⅳ．① G78

中国版本图书馆 CIP 数据核字 (2018) 第 059183 号

# 儿童情商课
ERTONG QINGSHANGKE

含含妈咪 著

| | | |
|---|---|---|
| 出　　版 | 天津人民出版社 | |
| 出 版 人 | 黄　沛 | |
| 地　　址 | 天津市和平区西康路 35 号康岳大厦 | |
| 邮政编码 | 300051 | |
| 邮购电话 | (022) 23332469 | |
| 网　　址 | http://www.tjrmcbs.com | |
| 电子邮箱 | tjrmcbs@126.com | |
| 责任编辑 | 王昊静 | |
| 策划编辑 | 马剑涛　牛成成 | |
| 特约编辑 | 李　羚 | |
| 装帧设计 | 胡椒书衣 | |
| 印　　刷 | 大厂回族自治县彩虹印刷有限公司 | |
| 经　　销 | 新华书店 | |
| 开　　本 | 880×1230 毫米 | 1/32 |
| 印　　张 | 7.5 | |
| 字　　数 | 250 千字 | |
| 版次印次 | 2018 年 7 月第 1 版　　2018 年 7 月第 1 次印刷 | |
| 定　　价 | 45.00 元 | |

## 孩子高情商，这样培养就对了

被誉为"情商之父"的哈佛大学教授丹尼尔·戈尔曼曾说："情商是人类最重要的生存能力，一个人的成功，智商的作用只占20%，其余80%是情绪的因素。"事实也确实如此，如果一个人缺乏自我认知，不能管控自己的情绪，没有强大的心理素质，不会与人和谐相处，即使再聪明，也不会有大的发展。

如今，人才的竞争早已不是简单的智商竞争，更多的是在智商基础之上的情商的较量，正如著名作家柯云路所说："情商比智商在更大程度上决定着一个人的爱情、婚姻、学习、工作、人际关系以及整个事业。"因此，一个有远见卓识、有责任心的家长在关心孩子智商教育的同时，更应该注重孩子的情商培养。

既然情商教育如此重要，那么究竟什么是情商呢？所谓"情商"，简单来说是一种情绪智慧，即认识情绪、管理情绪、自我激励、处理人际关系等方面的内容。而且，近年来随着情商教育理念的发展，情商教育的内涵不断丰富，诸如强化心理素质、提高化解冲突的能力等方面成了情商教育的热点。当然，成就孩子的高情商，科学的方法和指导必不可少。

家庭是孩子的第一所学校，父母是孩子的第一任老师，想要孩子拥有高情商，家长首先要提高自己的情商智慧，比如给孩子创造一个良好的家庭教育环境，给孩子多一点陪伴，尊重孩子的隐私等。总之，在孩子的培养过程中，千万不可忽视言传身教的作用。

自我认知是一种认识自我、评价自我、发掘自我的能力。如果一个孩子没有良好的自我认知能力，就不能正确地认识自己，更不会找到自身的闪光点，发掘自己的潜能。试想，一个连自己都看不清的人，又怎能谈高情商呢？因此，家长一定要注意培养孩子的自我认知能力。

在成长过程中，孩子会受到各种负面情绪的困扰：郁闷、愤怒、焦虑、紧张、嫉妒……如果孩子没有良好的情绪管理能力，很可能被这些消极情绪所左右，成为情绪的"奴隶"。因此，我们要给予孩子指导，教孩子认识情绪、管控情绪，让孩子成为情绪的主人。

"强壮的外表，脆弱的心灵"，这句话用来形容现在的一些孩子，再适合不过了。为什么这么说呢？因为现在孩子的心理普遍十分脆弱：碰到一点点困难就消极悲观，止步不前；仅仅因为父母的几句批评就离家出走；因为一次考试失败就选择自杀……心理素质这么差，怎能面对生活中的风风雨雨呢？因此，打造孩子过硬的心理素质，强大孩子的内心，成了当下情商教育的热点。

　　社交能力是我们作为一个社会人，与他人、集体和社会联结的一项重要技能。在情商这门课程中，我们称之为"社交商"，社交商是一种重要的情商能力，其重要性有时甚至超过了一个人的专业技能。因此，提高孩子的社交商，发展孩子的人际能力，是情商教育中不可忽视的重要内容。

　　除此之外，情商还包括独立自主意识、化解冲突的能力、性格以及品质等方面的内容。不过很多家长对情商教育缺乏正确的认识，因此会陷入一些误区，比如有些家长为了提高孩子的情商，盲目花钱给孩子报"情商训练班"，结果并没有取得多大效果。为此，本书特别列出一章内容，旨在帮助家长正确认识情商教育，让孩子的情商教育变得更科学、更有效。

　　总之，孩子的情商培养是一个漫长的过程，家长不能操之过急，也不能太过随意。本书在传统情商教育理念的基础上进行了拓展，加入了当下父母圈流行的"心理素质"等话题，并配以翔实的案例和科学的理论方法指导，希望本书能成为广大父母的枕边书，成为培养孩子高情商的教育指南。

目录

CONTENTS

**后　记** 孩子高情商养成记：培养健康的情绪模式

第 一 章

## 做高情商父母，培养 高情商孩子

父母是培养孩子情商的第一任老师，唯有高情商的父母，才能教育出高情商的孩子。为什么这么说呢？因为在孩子的成长过程中，最先接触的便是父母，最先模仿的也是父母，父母的言谈举止是孩子学习、模仿的对象，并且随着年龄的增长，这种言传身教的作用会越来越明显，孩子的性格特征、行为方式都会有父母的影子。因此，想要孩子拥有高情商，父母首先要修炼自己的情商。

## 放低姿态，走进孩子的内心世界

> 放低姿态是为了体现一种平等，是为了架起亲子感情交流的桥梁，是为了进行心灵的对话，试试放低姿态和孩子沟通，你将看到一个纯真无邪的世界。

我们时常听到有些父母抱怨，"孩子什么事也不愿意跟我讲""想要了解孩子的想法真难""跟孩子说不了几句就来火"。而孩子却这样抱怨父母："他们一点也不理解我。""他们总是用一种命令的口气跟我说话。"其实，在家庭教育中，这种情况是非常普遍的，究其原因，是沟通方式出了问题，而一旦沟通都成了问题，情商教育便无从谈起。

那么，该如何开启正确的沟通模式呢？家长不妨试试放低姿态的方法，即放下大人的架子和孩子平等交流，从而走进孩子的内心世界，了解孩子的感受和需求。

一个闷热的下午，妈妈去接荣荣放学，一阵阵热浪扑面而来，妈妈一边气喘吁吁地蹬着自行车，一边时不时地擦汗。荣荣坐在后面和妈妈讲学校里发生的事："妈妈，今天君君又迟到了，我算了下，这是他第6次迟到了……"闷热的天气，加上后面的小人儿在不停地念叨，妈妈有点心烦。

忽然，荣荣对妈妈说："妈妈，我想起来了，老师让我们每个人准备一盒水彩笔，我的刚好用完了。"

妈妈看着刚刚路过的文具店不耐烦地说："刚才干吗去了，不早说，都过了文具店了。"荣荣不说话，等到妈妈带着她返回文具店的时候，荣荣气鼓鼓地对妈妈说："不买了，回家！"妈妈也来了气，母女俩沉默不语。

回到家里，妈妈终于忍不住发火了，开始质问、批评荣荣，荣荣眼泪汪汪地忍不住说："妈妈，我们小孩子也挺可怜的。"妈妈一下子愣住了，荣荣继续说："你们大人生气的时候朝我们发火，可是我们也有心情不好的时候呀，我们朝谁发火呢？这太不公平了！"听着荣荣为自己辩解，妈妈不仅没有生气，反而有点后悔，后悔刚才用粗暴的态度对待荣荣。

从这件事以后，在和荣荣沟通的时候，妈妈尽量放低自己的姿态，以一种平等的态度去和荣荣交流，渐渐地，母女俩之前的一些代沟也消失不见了。

对孩子进行情商教育应该是一个和孩子友好互动的过程，在这一过程中，父母需要去关心孩子的内心世界，深入了解他们的性格、脾气、兴趣爱好等，而这些都需要借助良好的沟通去实现。

著名教育评论家谭柳青曾说："教育的前提是尊重孩子、了解孩子，与孩子平等交流。只有对孩子施以'春风化雨'般的教育熏陶，才能得到孩子的正面回应。简单来说，就是尊重孩子要以人为本，讲究平等交流的艺术。"因此，我们应该学会放低姿态的沟通艺术，和孩子真诚、平等地沟通，这样才能真正走进孩子的内心世界，从而进行有针对性的教育，提高孩子的情商。

比如在日常生活中，父母要给予孩子尊重，例如尊重孩子的隐私，尊重孩子的选择，尊重孩子的建议等。再比如，在和孩子沟通的时候，可以蹲下身子，直视着孩子的眼睛，这样孩子就会感受到父母对自己的尊重，会获得一种满足感和自尊感，从而更愿意对父母敞开心扉。

当然，放低姿态并不仅仅是针对肢体动作方面，父母更要学会从心理上放低姿态，和孩子保持心理上的平等。比如家长可以真诚地和孩子做朋友，这样就容易了解孩子内心世界的真实想法，从而更好地给予孩子指导。

## 提升情感智慧，教养高情商孩子

父母情感智慧的高低对孩子的情商发展有着重要的影响，要想教养出高情商孩子，父母就要提升自己的情感智慧，做"情感教导型"父母。

在日常生活中，大致有两种父母：一种是"情感疏离型"父母，另一种是"情感教导型"父母。前一种父母的情商较低，在教育孩子时经常会压抑孩子的情绪；后一种父母的情商较高，懂得帮助孩子疏导情绪。

孩子心爱的小兔子死了，哭得很伤心，一位父亲是这样说的："死了就死了，再给你买一只养就好了，有什么可伤心的。"孩子听到父亲这样说，哭得更厉害了。

而另一位父亲是这样说的："小兔子死了，你很伤心，是不是？"

孩子点点头，父亲继续说："是不是觉得像是失去了一个好朋友？"孩子又认真地点了点，父亲把手放在孩子的肩膀上，温和地说："爸爸知道你很难过，以前爸爸也养过一条很可爱的小狗，我失去它的时候也有这样的感受。"孩子揉揉哭红的双眼，问道："真的吗？"爸爸点了点头。孩子停止哭泣，向爸爸恳求道："爸爸，帮我买一条小狗吧，我想养一条小狗。"

同样是孩子失去心爱的小兔子，两位父亲的做法完全不同，相应地产生了不一样的结果。前一位父亲比较粗心，属于情感疏离型父母，面对孩子的伤心哭泣一味地批评指责，孩子的情绪没得到纾解，在这样的教导下，孩子不容易学会管理自己的情绪；后一位父亲则比较心细，属于情感教导型父母，了解孩子的情绪，并帮助孩子摆脱了伤心情绪，经过这样的教导，将来孩子如果碰到一些挫折的时候就会进行自我调节、情绪梳理，而且这样的孩子也较容易了解自己和他人的情感世界，从而获得良好的人际关系，拥有较高的情商。可见，要培养孩子的高情商，父母也要提升自己的情感智慧，做情感教导型父母。

那么，该怎么做情感教导型父母呢？

### 1. 尊重孩子的感觉和情绪反应

每个人都有属于自己的感觉反应和情绪反应，比如：有的人喜欢红色，不喜欢绿色；面对他人的指责，有的人心平气和，有的人则火冒三丈。对于孩子来说，同样如此，他们也有属于自己的内心世界，父母要学会尊重孩子的感觉反应和情绪反应，不要在孩子的感觉、情绪前加上自己的是非论断。

比如，一个孩子哭着对妈妈说："妈妈，我不想上学了。"妈妈一听，生气地说："不上学将来长大了能干啥？爸爸妈妈辛辛苦苦为了你，你却对我说不想上学了？"这样一顿批评过后，孩子的厌学情绪不仅得不到疏导，还可能会愈演愈烈。

而如果妈妈这样说："怎么了，孩子？跟妈妈说说，为什么不想上学了。"这时孩子就会把自己的苦恼说出来，比如不喜欢自己的任课老师，和同学相处不融洽，学习上有困难，等等。这样通过沟通，父母就可以帮助孩子疏导厌学情绪，从根本上解决问题。

### 2. 不要轻易否定、压抑孩子的情绪

情绪是不分对错的，不管是快乐、愉悦，还是悲伤、痛苦，都是人性的体现。但是我们常常不希望孩子表达自己的不良情绪，比如有的孩子回家就说："我讨厌数学老师！"家长马上纠正说："老师是教你知识的人，你要学会尊重老师，怎么能讨厌老师呢？"这样就是在否定孩子的情绪，而这样做的后果只能是孩子不再愿意向父母表达他们的想法，甚至把一些不良情绪压在心底。

因此，我们不要轻易否定、压抑孩子的情绪，而是应该站在他们的角度去体会他们的情绪，要接纳、认同他们的情绪，并引导他们学会自己控制情绪。

## 做一个权威型的高情商父母

> 权威型的父母，并不是居高临下，只会发号施令的专制者，而是能遵循"理性、严格、民主、耐心和关爱"这一原则的高情商父母。

由于受到西方教子观念的影响，很多家长开始学着蹲下来和孩子说话，不愿意当权威型家长，但是家长们慢慢发现，自己越来越无法获得孩子的尊重，与孩子沟通起来愈发困难。其实，大多数家长对父母的权威产生了误解，认为权威就是专制，其实真正的权威型父母并不是这样的。

美国心理学家鲍姆令德曾把父母的教养方式分为权威型、专制型、溺爱型和忽视型四种类型。

（1）权威型家长。这类家长不但能对孩子提出合理的要求，而且能对孩子的行为做出适当的限制；同时，他们又能给孩子足够的关爱，懂得倾听孩子、尊重孩子。所以这类家长是严格的，是理性的，也是民主的。

（2）专制型家长。这类家长有点独裁者的意味，家长只是一味地向孩子提出要求和限制，很少理会孩子的感受，因此也常常会伤害孩子的心灵。如果孩子不愿意听从，家长就会非常粗暴地采取惩罚措施让孩子听话。

（3）溺爱型家长。现在大多数家长都属于这种类型，总是满足孩子的一切要求，不对孩子提出任何的高要求，也不对其进行适当的管教。

（4）忽视型家长。这类家长对孩子的成长问题十分马虎，认为不需要刻意去管教孩子，抱着顺其自然的心理，所以他们不会对孩子提出什么要求，也不会为孩子设定什么规矩，对孩子表现出较少的关心。

这四种不同的教养方式也产生了不同的结果，详情见下表：

| 教养方式 | 孩子的表现 |
| --- | --- |
| 权威型教养 | 性格开朗活泼，有较强的独立自主能力、自控能力，有较高水平的自尊和良好的道德意识，人际关系和谐 |
| 专制型教养 | 常常伴有焦虑、退缩和抑郁的性格特征，情绪管理能力较差，冲动易怒，并有较强的逆反心理 |
| 溺爱型教养 | 以自我为中心，责任心差，合作意识差，自控能力差，容易误入歧途，如沉迷游戏等 |
| 忽视型教养 | 多方面能力存在缺陷，如生活自理能力、认知能力、社交能力等，且为人较为冷漠、孤僻，不善言谈，因此人际关系比较糟糕 |

根据表中的内容，我们可以看到，相对于其他三种教养方式，权威型教养方式更为恰当。当然，在现实生活中，可能很多家长的教养方式属于中间型。不过正如鲍姆令德所指出的，相对来说，权威型的家长最利于孩子成长。

一般来说，权威型的家长在孩子心目中是有权威的，而且这种权威是建立在对孩子的尊重和理解基础之上的。权威型的父母会为孩子创造极佳的成长环境，同时会进行适当的限制；他们给孩子指导，但不是控制孩子；他们会批评孩子的过错，但是同时允许孩子为自己辩解……我们要培养孩子的高情商，就应该做一个权威型的高情商父母。那么，具体该怎么做呢？

### 1. 给孩子建设性的关怀

什么是建设性的关怀？即用积极的、热情的、负责任的态度教育孩子，用积极的教育手段挖掘孩子的潜能，激励孩子成长。给予建设性的关怀是培养孩子情商的重要方法之一。首先，要为孩子创造一个良好的家庭情感环境，比如家庭环境要宽松、和谐、民主；其次，要多参加孩子的活动，和孩子一起成长；再次，要塑造孩子积极的行为，鼓励孩子上进；最后，要恰当地表扬孩子的合适行为，以爱和鼓励引导孩子。

### 2. 对孩子进行恰当的约束

相对于给孩子建设性的关怀，对孩子进行约束更为困难。不过只要父母谨记以下几点原则，便能逐渐成为权威型的高情商父母。

（1）给孩子定规矩，如果可能，把这些规矩写下来，贴在醒目的地方并监督孩子。

（2）在孩子开始调皮捣蛋前提醒他们，锻炼他们的自控能力。

（3）借助书本、影像等资料，向孩子输入正确的价值观和社会准则。

（4）如果孩子违反了某些规定或是限制，给孩子适度的惩罚。

（5）犯了错，让他们面壁思过，学会反省。

（6）全家人统一战线，切不可让"权威"摇摆不定。

## 给孩子一些空间，尊重孩子的隐私

> 每个孩子的心中都有属于自己的小秘密，我们不要试图去揭开它，因为孩子也有自己的隐私，也需要被尊重。

随着孩子年龄的增长，他们开始有了自己的隐私，有了属于自己的小秘密。他们把自己的秘密锁在日记本中，锁在手机里，为的就是不让别人看到，哪怕是自己最亲近的父母也不可以。然而，很多父母却总是想方设法地"探寻"孩子的秘密，比如翻看孩子的手机、日记，偷听孩子打电话。殊不知，父母的这些做法俨然侵犯了孩子的隐私，是孩子最反感的行为。

吃过早餐，吉吉去上学，可是刚出门没走多远，吉吉突然想起来，自己的作业放在桌子上忘拿了，于是急忙往家跑。吉吉回到自己的房间时，看到妈妈正在翻看自己的日记。看到突然回来的吉吉，妈妈愣了一下，表情有点不自然地说："吉吉，你怎么回来了？"

吉吉说："路上想起来作业忘拿了。"继而质问妈妈："妈，您怎么偷看我的日记？"

"偷看？当妈的看看儿子的东西有错吗？"妈妈也有点生气。

"那您也不应该没经过我的允许就偷看，这是我的隐私！"吉吉也毫不示弱。

"小孩子哪里来那么多隐私，还什么允许不允许的，快拿上作业去上学！"妈妈合上吉吉的日记本，然后把桌子上的作业装到吉吉的书包里，走出了房间。

很多家长像吉吉妈妈一样，觉得孩子还小，根本没什么隐私，而且作为父母，关心孩子也是应该的，有必要知道关于孩子的一切。而对于孩子来说，他们发现大人都有自己的隐私，比如父母会有一个上了锁的抽屉，不许自己碰。这让他们觉得不公平，为什么大人就能有自己的隐私，且不让他人去触碰，而自己就不能呢？他们渴望长大，渴望被当成大人一样对待，于是当他们有了自己的秘密后，也渴望获得大人的尊重。

但是在现实中，很多父母根本不了解这一点，美其名曰是关心孩子，殊不知随意打开孩子珍藏秘密的锁，会使孩子失去对大人的信任，把亲子关系弄得很僵。而且父母这样做也是一个糟糕的示范，即让孩子认为只要是关心别人，就可以毫不在意对方的隐私。这样，在父母错误的示范下，孩子将来自然就不懂得尊重他人的隐私，而一个不懂得尊重他人隐私的孩子，情商通常会很低。

因此，为了孩子的情商发展，为了消除父母与孩子之间的障碍，我们有必要在尊重孩子隐私这件事上采取一些行动，比如我们可以和孩子一起制订一份《孩子隐私合同书》，写上哪些事是孩子的隐私，父母要尊重，哪些事是父母应该知道的，孩子有必要告诉父母。

这样做有两个好处：第一，可以让孩子放心，在没有自己允许的情况下，父母不会窥探他的隐私；第二，父母的这一做法能让孩子觉得自己受到了尊重，反而会更愿意和父母分享自己的秘密。那么，该怎么制订《孩子隐私合同书》呢？下面我们提供一个模板，父母可以试着填写一下。

| 孩子隐私合同书 | |
| --- | --- |
| 父母可以知道的事 | 属于孩子隐私的事 |
|  |  |
|  |  |
|  |  |
|  |  |

父母签字：　　　　　孩子签字：

## 爱孩子，但不要溺爱、娇惯孩子

> 现在给孩子幸福，将来就是给他痛苦；现在给他天堂，将来就是给他坟墓。
>
> ——卢梭

爱孩子是父母的天性，但是很多父母却把握不好爱的尺度，把爱变成了溺爱、娇惯。

钰钰长得白白净净，是一家人的掌上明珠，一直过着饭来张口、衣来伸手的生活，不过全家人也不介意，甚至觉得钰钰十分可爱。

可是等到上幼儿园的时候，钰钰身上的问题就显露出来了：由于平时在家里都是爸爸妈妈喂饭吃，所以钰钰到幼儿园不肯吃饭，每次都要老师哄她几句才肯动筷子；玩游戏的时候，大家都很和谐，唯独钰钰吵吵闹闹，不遵守游戏规则，而且只要是她看上的玩具就会去抢夺，因此，常常因为和其他小朋友抢玩具发生争执……

由于在幼儿园不顺心，钰钰常常回到家之后和爸爸妈妈发脾气。一天，钰钰回到家之后，妈妈做了面条，钰钰不想吃，对妈妈抱怨说："烦死了，天天吃面条！"妈妈不知道谁惹着这位小祖宗了，只好拖着疲倦的身体给钰钰做了她最爱吃的蛋炒饭，钰钰这才心情大好。

像钰钰一样的孩子不在少数，从小娇生惯养，也因此添了不少坏毛病，比如：有些孩子在家中被宠成了"小王子""小公主"，习惯以自我为中心，这样的孩子容易变得自私；有的孩子生活自理能力差，到三四岁还要大人喂饭，不会自己穿衣服；有的孩子任性，一遇到不顺心的事，就以哭闹、不睡觉或是不吃饭来要挟父母；等等。

也许家长爱子心切，不觉得这是什么大问题，但是一旦进入学校，走入社会，孩子身上的问题便暴露了出来：不尊重老师，不能和同学友好相处，没有同情心，毫无责任感，为人自私、冷漠，等等，这样的孩子怎么会有高情商呢？

其实，每一个家长都应该认识到，我们不可能一辈子守护着孩子，总有一天，我们要放手让他自由去闯荡，自由去飞翔，但是如果我们从小娇惯孩子，等到将来他想要自己独立去生活的时候，却丧失了独自生活的能力，这是何等的悲哀！因此，我们要温柔地爱孩子，但也一定不能溺爱、娇惯孩子。那么，家长应该怎么做呢？

### 1. 给孩子立规矩

无规矩不成方圆，规矩才是最好的爱，家长应该给孩子立规矩，给孩子规矩内的自由。比如跟孩子"约法三章"，即先针对可能发生的事给孩子制定规则，告诉孩子如果事情发生了，他就要根据当初的约定约束自己的行为。

需要注意的是，家长立的规矩一定要简单、具体："简单"是说规矩要容易执行，要在合理的范围之内；"具体"是说规矩要清晰明了，不能笼统模糊。并且，家长设立规矩后要严格执行，不能因为孩子的软磨硬泡就朝令夕改，使规矩失去效力。

### 2. 让孩子吃一些苦

家长舍不得孩子吃苦，我们可以理解，但是俗话说"吃得苦中苦，方为人上人"，让孩子从小吃一些苦是很有必要的。比如三岁的时候，就可以让孩子帮你提一些东西；到了五六岁，让孩子扫地、擦桌子，做一些简单的家务；节假日的时候，带孩子去乡下走走，让孩子做一些粗活；寒冷的冬天，陪孩子一起去锻炼身体；等等。

总之，要让孩子在吃苦的过程中学会坚持，学会坚强。

### 3. 培养孩子的独立自主能力

家长应该是孩子的守护者，但是作为孩子的守护者，一定要学会控制自己对孩子的保护欲望，培养孩子独立自主的能力。比如当孩子摔倒时不要急着去扶他，让他自己爬起来；当孩子向父母寻求不必要的帮助的时候，适当地拒绝他；当孩子遇到问题的时候，不要忙着帮他解决，试着让他自己处理；当孩子犯了错的时候，不要替他承担责任，要让他适当承担做错事的后果；等等。

当然，孩子在自由探索的过程中难免会遇到自己解决不了的问题，变得很脆弱，这时家长就要伸出援助之手，让孩子感受到家长对他的关爱。

# 为孩子创造良好的家庭教育环境

如果说父母是孩子的第一任老师，那么家庭就是孩子的第一所学校，而在这所学校里，情商是孩子学习的重要内容之一，想要孩子学好这门功课，良好的家庭教育环境必不可少。

《学习的革命》一书中阐述了家庭环境与孩子成长的关系："如果一个孩子生活在敌意之中，他就学会了争斗；如果一个孩子生活在恐惧之中，他就学会了忧虑；如果一个孩子生活在怜悯之中，他就学会了自责……如果一个孩子生活在鼓励之中，他就学会了自信；如果一个孩子生活在忍耐之中，他就学会了耐心；如果一个孩子生活在表扬之中，他就学会了感激。"

也就是说，在一个家庭里，如果父母注重家庭氛围的和谐，热爱生活，孩子自然会形成良好的性格。而如果父母自身脾气不好，或是非常情绪化，高兴起来对孩子大加赞赏，生气起来对孩子严加苛责，在这样的环境中成长起来的孩子情商普遍不高。

刚上二年级的星星是个聪明伶俐的孩子。周末的时候，星星在家里写作业，忽然听见"哗啦"一声，晒在阳台上的衣服被打湿了。星星仰着头向窗外探了探脑袋，心想肯定是楼上的阿姨在浇花时不小心把水洒了下来。

这一幕正好被坐在客厅的星星爸爸看到了，爸爸是个急脾气，马上上楼跟邻居理论去了。说是理论，星星只听见爸爸骂骂咧咧的声音，不一会儿，爸爸回来了，一边气冲冲地去阳台收衣服，一边数落邻居的不是，星星看在眼里，脸上的表情十分复杂。

有一次，星星正要出去玩，开门时，正好看到一只小狗在自家门口小便，这小狗星星认识，是隔壁王大爷家的，星星十分生气，学着爸爸的样子，一边嘴里骂着，一边找王大爷理论去了……

看到邻居家的小狗在自家门口小便时，由于受爸爸的影响，小小年纪的星星便学着爸爸的样子破口大骂起来，我们可以想象，长此以往，星星就会像爸爸一样，在遇到事情的时候，立即用粗暴的方式去解决，基本没什么情商可言，可见一个良好的家庭教育环境对于孩子的情商培养来说是十分重要的。

那么，该如何为孩子创造一个良好的家庭教育环境呢？

### 1．父母要规范自己的言行

孩子是天生的学习者，他们善于模仿父母的言行，但是由于孩子年龄小，认知能力有限，对于父母的言行，不管是好的还是坏的，都全然接受。因此，父母一定要规范自己的言行，为孩子树立一个好的榜样，让孩子跟着父亲学习担当，跟着母亲学习细腻，不断启迪孩子的心智，提高孩子的情商。

### 2．夫妻关系要融洽

家长是家庭环境的主要营造者，要想给孩子一个良好的家庭环境，夫妻关系一定要融洽，这样才能让孩子感受到更多的温暖和关爱。但是在现实生活中，很多父母总是喜欢用争吵来解决问题，殊不知在父母的"战争"中，受伤的不仅仅是自己，更是孩子。孩子总是担心父母会争吵，因此会变得忧虑，进而变得怯懦、退缩，或是脾气暴躁，不能很好地控制自己的情绪，渐渐地，孩子很可能会变成一个有暴力倾向或是有性格缺陷的人。因此，父母一定要注意这一点，即使是夫妻之间有争执的时候，也要静下心来，尽量不要在孩子面前争吵。

### 3．打造和睦的亲人关系

除了夫妻关系要融洽外，亲人之间的关系也要和睦。父慈子孝，兄友弟恭，在这样的家庭氛围的熏陶下，孩子会更加友善。因此，家长要做好示范作用，在和亲人相处时要互相敬爱、互相帮助。

## 给孩子多一点陪伴，陪孩子一起成长

> 陪伴是给孩子最好的礼物，给孩子多一点陪伴，便能帮
> 孩子建立起更多的自信和自我价值感，让孩子在成长过程中
> 能形成健康的人格，表现出更高的情商。

"爸爸妈妈，你们再不陪我，我就要长大了"，这句话一度广为流传，我们能从话语中感受到孩子对父母陪伴的渴望和期待，同时也深深感受到孩子的伤感和无奈，这是因为现在很多父母工作太忙太累，陪伴孩子的时间太少了。

另外，也不乏一些父母虽然有时间陪伴孩子，但是缺乏有效的沟通，所以我们经常看到，孩子在一旁自己玩，父母拿着手机刷新闻、聊天。甚至还有些父母用物质满足来代替亲子陪伴，殊不知，对于孩子的成长来说，陪伴是比物质更重要的心灵给养。

一天，爸爸妈妈和花花准备去看电影，可是到了电影院，一家人却在选片时产生了分歧，爸爸想看科幻片，妈妈想看喜剧片，而花花则想看一部倾心已久的动画片。妈妈建议大家各自看自己喜欢的电影，看完后在大厅集合。爸爸赞同，妈妈作为提议者没意见，而花花则有点不情愿："我一个人怕黑，别的爸爸妈妈都陪孩子一起看，我自己看没意思……"最后妈妈只好陪花花去看了动画片。

电影散场后，花花意犹未尽，开心地和爸爸妈妈讲述电影里的场景，花花问妈妈："妈妈，您也觉得很好看吧？"妈妈点了点头说："确实还不错，不过妈妈已经是成年人了，妈妈本可以选择去看自己喜欢的电影，但是妈妈因为爱你，所以选择了陪你一起看，其实让妈妈开心的不是电影本身，而是你开心的样子。"

花花想了想，对妈妈说："妈妈，以后您有想做的事，我也陪着您。"

从此以后，花花学会了"陪伴"这个词。妈妈在电脑前打字，花花在一旁安静地看书；妈妈的水杯没水了，花花会去帮妈妈倒一杯热水；爸爸想去跑步，花花陪爸爸一起去跑步；刚来的小邻居没什么朋友，花花主动和他玩耍……

陪伴是一种情感能力，孩子只有学会这种能力，才能懂得关心他人，了解他人的感受，成长为一个高情商的孩子。而父母是孩子言行的指示器，让孩子学会陪伴，最简单的方法是父母要以身作则，多一点时间陪伴孩子，让孩子感受到爱和温暖，久而久之，孩子就会把这种能力迁移到他人身上。那么，父母应该怎样陪伴孩子呢？

# 儿童情商课

### 1. 抽出一些时间陪伴孩子

不管自己的工作有多忙，每天都应该抽出一些时间陪伴孩子。为什么这么说呢？因为现在的很多家长，从早忙到晚，其间除了和孩子一起吃饭，接孩子上下学外，几乎很少有时间进行亲子沟通，这样就造成一个现象：父母每天都能看见孩子，但是根本不知道孩子心里在想什么，时间长了，亲子之间的话题越来越少，很容易产生隔阂。为此，家长每天一定要抽出一些时间来陪伴孩子，在这段时间内，家长要把工作和生活中的琐事放下，全身心地陪着孩子。

### 2. 给孩子有质量的陪伴

陪伴孩子既不是"身在曹营心在汉"的"陪同"，也不是监督式的"看管"，而应该是建立在互动和交流基础上的有质量的陪伴。比如：抽出时间和孩子一起做亲子游戏，通过游戏互动，增进亲子之间的感情；每天睡觉之前，给孩子讲一个小故事，将亲子阅读变成你和孩子之间重要的情感升温方式；空闲时间带孩子逛逛自然博物馆、昆虫馆、海洋馆等地方，能让孩子开阔视野，增长见识；和孩子谈心，通过沟通交流，了解孩子学习、成长中遇到的问题，给予孩子指导；等等。

# 第二章

## 教孩子认识自己，发现
## 内在的自我

　　良好的自我认知是自我调节和人格完善的重要前提。如果孩子不能正确地认识自我，就看不到自身的优缺点，不能客观地评价自己。比如，他可能会因为自身的缺点而妄自菲薄，因为一点小小的成绩而骄傲自大，试问这样的孩子怎会有一个高情商呢？因此，我们要教孩子认识自己，让孩子发现内在的自我，让孩子对自己有一个清晰的认知。

# 教孩子认识自己、悦纳自己

有句古话叫"知人者智，自知者明"，意思是说，能了解、认识别人的人确实聪明，而能认识、了解自己的人才算真正有智慧。

孩子也需要自我认识的能力，因为只有清楚地认识自己，才能正视自己的优缺点，才能客观地看待问题，才能不断进步。但是我们发现，现在的很多孩子根本不能正确地认识自己，更别提悦纳自己了。

霍霍回到家后有点失落地对妈妈说："妈妈，今天班上竞选班委了。"妈妈问："结果怎么样？你参加了吗？"

"没。"霍霍有点后悔的样子。

"怎么不去试一试呢？这是个锻炼自己的好机会呀。"

"其实我想参加，可是竞选班委要上台发言，还要说出自己的优点、能胜任的理由之类的，我从来没想过自己有哪些优缺点，所以不知道该怎么说……"

听完霍霍的苦恼后，妈妈拿出一张纸，从中间对折了一下，对霍霍说："现在你来思考，把自己的优点写在左边，缺点写在右边。"

霍霍从来没有思考过这样的问题，所以大约20分钟后，霍霍才完成了对自己的审视，看着满满一张纸都是自己的优缺点，霍霍不禁说："原来我有这么多优缺点啊。"妈妈说："对啊，每个人都有很多的优缺点，只是大多数人不去了解自己，现在你知道该怎么做了吗？"

"知道了，我要发挥自己的长处，改掉缺点，争取下学期当班长。"霍霍信誓旦旦地说。

妈妈点点头，给了霍霍一个大大的拥抱。

在竞选班委的时候，霍霍不知道该说什么，原因是他根本不了解自己，不知道自己有哪些优点和缺点，事后在妈妈的帮助下，霍霍才对自己有了新的认识。

人生是一个不断认识自己、发掘自己的过程，孩子学会正确地认识自己，意味着孩子能发现自己最擅长的地方，同时也能清晰地认识到自己在哪些方面有所不足，进而对不足的地方加以改进，不断完善自己、提升自己。当然，在教孩子认识自己的基础上，我们还应该让孩子悦纳自己，比如我们要告诉孩子：每一个生命都是独特的存在，不要为了自身的缺点而妄自菲薄，也不要因为自身的优势而骄傲自大。那么具体来说，该怎样让孩子认识自己、悦纳自己呢？

# 儿童情商课

### 1. 让孩子通过反省来认识自己

古人有"吾日三省吾身"的习惯，这是认识自己的一种很好的方法。家长可以让孩子每天花一点时间来思考自己这一天做了什么，其中哪些事是值得做的，哪些事做错了，通过这样的思考可以加深孩子对自己的认识，逐渐培养孩子良好的自我审视的习惯。

### 2. 让孩子学会客观地评价自己

不能客观地评价自己是自我认识不足的典型表现之一，比如有的孩子因为在一次比赛中失利就觉得自己一无是处，一直被自卑情绪所困扰；有的孩子因为运气好，在考试中蒙对了几道题就飘飘然，觉得自己进步了很多。这些都是带有主观色彩的评价，要不得。

我们常说"以人为镜，可以明得失"，要让孩子客观地评价自己，可以教孩子看看"别人眼中的自己"，即用旁观者的态度来审视自己、评价自己，这样对于孩子认识自己，特别是认识自身的缺点很有帮助。

### 3. 用提问法增加孩子对自己的认识

平时，家长可以通过问答的形式，或是让孩子以自问自答的形式来增加对自身的关注和认识。比如父母可以问孩子："这件事你能做好吗？"或是问："你知道你有什么优点吗？"或是让孩子自己问自己"我能做什么""我会做什么"等。

# 让孩子拥有自我肯定的力量

自我肯定感是一个人心灵成长的根基。如果一个人拥有了自我肯定的力量，那么他在生活、学习中便有了自主的动力，就不会自卑、自弃。

在日常生活中，我们发现很多孩子总是太过依赖他人的评价，如果听到赞扬的话就眉开眼笑，如果听到一点点不中肯的话，就会表现出失望、沮丧的情绪。其实，我们应该让孩子意识到"我是重要的，我是独特的，我的存在很有价值"，即让孩子建立起自我肯定感，拥有自我肯定的力量，这样他会变得更积极、更乐观。

得益于爸爸妈妈的良好基因，悦悦从小便对音乐产生了浓厚的兴趣，从最早的口琴、竖笛开始，到现在的电子琴、小提琴，悦悦俨然成了一个小才女。这段时间，悦悦一直在练习小提琴，不过相对于其他乐器，小提琴更难一些，悦悦每拉完一首曲子都会跑过去问爸爸妈妈，期望得到大人的肯定和赞扬。每当这时，爸爸或是妈妈就会说："好听，宝贝儿。"不过悦悦有点不大相信，总是要再问一遍"真的好听吗"，在得到肯定的答复之后才高高兴兴地走开。有时候，爸爸妈妈在忙别的事，会敷衍她一两句，或是她演奏得确实不太好，爸爸妈妈会指导她一下，这时悦悦就有点不高兴了，练琴的时候也不那么专心了。

爸爸妈妈觉得悦悦有点过于依赖他人的评价了，应该让悦悦学会肯定自己，为自己加油鼓掌。一次，当悦悦拉完一首《欢乐颂》，又跑来问爸爸妈妈是否拉得好听的时候，妈妈认真地对她说："悦悦，爸爸妈妈觉得你每次演奏得都很棒，所以以后你不用每次都跑来问爸爸妈妈，你应该自己给自己表扬，自己给自己鼓掌。"

于是，从此以后，在一首曲子拉完以后，悦悦会拍拍自己的小手，给自己以鼓励。当然，有时候，悦悦还是会跑来问爸爸妈妈，因为悦悦更希望得到爸爸妈妈的赞扬。

如果你经常看体育比赛，会发现很多运动员在比赛上场之前嘴里都会念念有词，不知道在说些什么，其实这是他们在给自己鼓励、加油。同样，在教育孩子的时候，我们也应该让孩子学会为自己鼓掌，学会自我肯定、自我表扬，这样才能强大孩子的内心，让孩子产生自信的力量。

比如可以在家里为孩子设立一块"表扬板"，每天让孩子讲一讲有什么值得表扬的事，例如自己穿衣服、帮大人做家务、借给同学橡皮等等。只要是值得表扬的事，哪怕是一件小事，也应该记录下来。这种自我表扬、自我激励的方式，能让孩子感觉到自己有很多优点，从而产生自我肯定的力量。

除此之外，还要让孩子学会做正确的自我评价，因为正确的自我评价是自我肯定的基础，有了正确的自我评价，孩子才会对自己有一个客观、正确的认识，才会清楚地认识到自己的长处和短处，正确地评估自己的才能，进而产生自我认同感。这样，孩子在受到外界不良刺激的影响时，就能通过自我肯定而进行自我调节，保持良好的心理状态。

# 帮孩子挖掘身上的闪光点

> 每个孩子自身都是一座丰富的宝藏，只要我们善于挖掘孩子身上的闪光点，总能发现孩子身上的诸多优点。

每个孩子都应该是天才，只不过天才是需要被挖掘的，我们来看这样一个小故事。

从前，在一座玫瑰园里生长着各种颜色的玫瑰：红玫瑰、黄玫瑰、白玫瑰……还有一株黑玫瑰。黑玫瑰唯独一支，但是却被其他玫瑰讨厌，"黑得像块煤炭一样""真是个丑八怪""根本不配和我们生长在一起"……面对大家的冷嘲热讽，黑玫瑰感到很委屈，不过他还是坚强地生存了下来，而且枝繁叶茂，"哼，长得再好也是个丑八怪"，其他玫瑰们都嗤之以鼻。

一天，一位植物学家来到这里参观，当他看到一朵黑玫瑰在玫瑰丛中随风摇曳，就上前仔细看了看，忽然惊叫起来："黑玫瑰，这竟然是黑玫瑰！这可是旷世稀有的品种！"最后，植物学家为了研究、保存和繁衍这个珍贵的品种，便花重金买了黑玫瑰，其他玫瑰看到后，十分羞愧地低下了头。

每个孩子都是不一样的，都有自己的个性和特点，有自己的长处，我们只是不曾注意或是没有发现而已。比如有些孩子的成绩虽然不是最好的，但是有突出的美术才能；有的孩子虽然调皮、贪玩，但是动手能力特别强等。

著名教育家卢勤老师曾说："我有一双爱的眼睛，5分钟之内就能发现孩子跟别人不同的地方，发现他身上的闪光点，发现他的长处。这是我的习惯。我始终认为所有的孩子都是好孩子，他们身上有很多棒的地方，只是有的没被别人发现，如果能被发现，他们的表现比谁都不差。"也许我们的孩子就是玫瑰园中的那支黑玫瑰，而家长则需要像那位植物学家一样，做一个伯乐，善于发现孩子身上的闪光点，并发自内心地赏识他的优点，用正面、积极的语言去鼓励他保持优点，帮孩子挖掘自身的潜能。那么具体该怎么做呢？

### 1. 帮孩子发现"我能行"

要让孩子的潜能发挥出来，关键是帮孩子发现"我能行"的力量，以此增强孩子的自信心。比如让孩子问自己"我哪点最行""哪方面最擅长""如果我做那件事会不会比别人做得更好"等，这样就可以让孩子不断了解自己、发现自己。

## 2. 学会用赏识的眼光看孩子

很多父母总是觉得自己的孩子很平凡，甚至有些笨，其实作为父母，我们要学会用赏识的眼光看待孩子，即使孩子非常平凡，也能发现他的闪光点或独特的地方。

需要注意的是，家长的赏识不能仅仅停留在表面，比如简单地夸孩子"挺不错""还不赖"，而是要给孩子充分的理由，让孩子意识到父母是在打心底称赞自己，而不是简单的敷衍，这样才能起到激励的作用。

# 告诉孩子：不完美才完美

世界上并没有所谓的"完美之人"，没有完美的大人，也没有完美的孩子，我们不仅要接纳不完美的孩子，还要让孩子知道不完美才是完美的道理，从而让孩子接纳自己的不完美。

"金无足赤，人无完人"，每个人都有一点小小的不完美，正是因为这份不完美，人们才会去努力，去追求完美。但是对于正在成长路上的孩子来说，他们并不懂得这个道理。

美美是个十分爱漂亮的女孩子，可是她最近在照镜子的时候，发现自己长了两颗小虎牙。美美见过一些有虎牙的叔叔阿姨，他们一笑起来，两颗虎牙就露了出来，别提多难看了，美美越想越伤心，坐在床上哭了起来。

妈妈听到美美的哭声，进来问道："怎么了，宝贝？"美美指着自己的小虎牙对妈妈说："妈妈，我长了……一……两颗虎牙……"说着还用手指往回按，仿佛这样就能把虎牙按回去。

妈妈被美美的动作逗乐了，不过看到美美伤心的样子，还是安慰她说："美美，其实每个人都有自己不完美的地方，比如有的人皮肤黑一点点，有的人像你一样长着虎牙，但是这些都不是一个人的缺点啊，而且长着虎牙多可爱呀，你喜欢的明星……对，佟丽娅，她不是也长着小虎牙吗？你看人家多漂亮啊，妈妈觉得你长大后也会像她一样漂亮迷人的。"

听了妈妈的话，美美不哭了，睁着两个圆圆的大眼睛问妈妈："妈妈，真的吗？"妈妈认真地点了点头。美美开心地笑了，露出一对可爱的小酒窝，对妈妈说："妈妈，我还有两个小酒窝呢。"说完，母女俩相视而笑。

孩子成长的过程中会遇到各种各样的问题，有些孩子会发现自己的不完美，并因为自己的不完美而产生自卑心理。比如一些孩子会因为自己的相貌问题而苦恼不已：皮肤太黑、牙齿难看、头发稀少等；有些孩子家庭条件不是很好，看到同学炫耀名牌衣服、手机、书包，感到有压力；有的孩子因为一次偶然的失败或是无意中听到他人对自己的负面评论，就觉得自己哪里都不如别人……当发现这些自认为的不完美后，很多孩子不能接受这份不完美，甚至将其视为自己的缺点，并为此产生自卑的心理，影响自身的身心健康。

其实人无完人，每个人都或多或少有一些不完美的地方，我们应该让孩子学会接纳自己的不完美，活出精彩的自己。那么具体该怎么做呢？

### 1．告诉孩子"人无完人"的道理

在孩子的成长过程中会有一段追求完美的过程，长相要完美，做事要完美，一切都要完美。其实，这个世界上没有绝对完美的事物，人也一样，没有谁会有完美的容貌，也没有人毫无缺点，即使是圣人也不例外。我们应该告诉孩子"人无完人"的道理。比如，当孩子因为自己的不完美而苦恼的时候，告诉孩子："每个人都是被上帝咬过一口的苹果，每个人都有缺陷，有的人缺陷较大，是因为上帝钟爱他的芬芳。"然后再说出孩子的一些优点，这样便能让孩子正视自己的不完美，同时找到自身的优点，重拾自信。

### 2．给孩子爱的鼓励和拥抱

当孩子发现自己的不完美后，必然会产生一些失落的情绪，这时家长应该在讲授道理的同时给予孩子鼓励和拥抱，让孩子知道，即使他有一些缺点，父母仍然是爱他的，并且告诉他，在父母眼中，他永远是最棒的。

### 3．适当降低对孩子的要求

一些父母是典型的完美主义者，在生活中对自己要求很严格，同时，他们也会用同样的标准去要求自己的孩子。但是孩子由于年龄较小，能力不足，并不能很好地完成家长提出的目标和要求，这时孩子就会产生不完美的感觉，甚至感觉自己很失败。其实家长不必对孩子太苛求，适当降低对孩子的期望和要求，才能让孩子更从容地接受自己的不完美。

## 孩子爱逞强，让他掂量一下自己

> 爱逞强的人往往不能正确地评估自己的能力，总是去做那些自己能力达不到的事，结果白费了力气不说，还浪费了时间，这样的人自然不会有高情商。

在生活中我们经常会看到，一些孩子总是爱逞强，明明自己没能力办到的事总是嚷嚷着要去做，结果不仅浪费了时间，还把事情弄得一塌糊涂。

"爸爸，我来帮您吧。"刚放学的煜煜看到爸爸正在从汽车后备厢搬东西，就急忙跑过去要帮爸爸，爸爸忙说："不行，不行，箱子太重了，你搬不动。"煜煜好逞强惯了，趁爸爸上楼的时候，伸手去搬箱子，结果没走两步便扔到了地上，差点砸到自己的脚。

回到家，煜煜看到妈妈正在厨房择菜，对妈妈说："妈妈，我来帮您择菜。"妈妈看到煜煜这么积极，也想锻炼一下他做家务的能力，于是准备教他，可是煜煜一拍胸脯，对妈妈说："不就是择菜吗，我会，您去忙您的吧。"妈妈笑了笑，赞许地点了点头，忙其他的事去了。

不一会儿，妈妈回到了厨房，看到厨房一片狼藉，白菜叶子扔得到处都是，在砧板上是被揪得没了叶子的白菜梗，煜煜正拿着刀准备去切……妈妈哭笑不得，赶紧夺下煜煜手中的刀，用略带生气的口吻说："你这不捣乱吗？从来没学过，万一弄伤了自己怎么办？去玩你的吧。"煜煜闷闷不乐地走开了。

吃过饭，妈妈在电脑前工作，突然电脑黑屏了，在一旁玩耍的煜煜看到后忙说："我来看看是怎么回事。"说着拿起鼠标狂点，电脑没反应，煜煜又按电脑的开关，还是没动静。煜煜信心满满地说："应该是电脑主机太脏了，里面有个小风扇，擦擦灰尘就好了。"说完煜煜找来了螺丝刀，打开电脑主机，捣鼓了半天，最后又试着开机，结果这次主机上的指示灯都不亮了。妈妈不禁埋怨道："就知道逞强，这下好了，彻底坏了。"煜煜有点尴尬，悻悻地走开了。

相信不少家长从煜煜身上看到了自己孩子的影子，总是爱逞强，什么事都喜欢抢着去做。在日常生活中，孩子逞强的事情还有很多，比如明明自己够不着电梯的按键，偏偏要争着按；明明自己够不着的东西非要自己去拿，结果不小心从凳子上摔了下来，弄伤了自己；明明帮不了别人，非要逞强，结果没有帮成别人，还把自己弄得很尴尬；等等。

为什么孩子这么喜欢逞强呢？一方面是因为孩子天生的好奇心使然，什么事都想做；另一方面，是因为孩子有很强的表现欲，尤其在听到大人的夸奖或是得到物质奖励的时候。但又因为他们不能正确地认识自己，不了解自己的能力，所以经常做出一些"不自量力"的举动。面对这种情况，家长会很为难：如果批评孩子，怕打消孩子的积极性；如果让他们去做，又怕他们伤着自己。

其实，面对爱逞强的孩子，关键是要让孩子正确地评估自己的能力，明白自己不足的地方，这样，孩子就不会太过执着于自己做不到的事，不会再那么逞强了。那么具体该怎么做呢？

### 1. 对孩子的评价要中肯

出于对父母的信赖，孩子对自己能力的判断很大一部分来自父母的评价，比如有些父母经常夸孩子，孩子就会对自己充满信心，觉得自己可以做成任何事情。但是要注意，对孩子的评价一定要中肯，因为过度的夸赞很可能会让孩子高估自己的能力。父母可以这样夸赞孩子："这件事你做得很好，如果更细心一点会做得更好。"这样既夸赞了孩子，又为孩子提供了指导意见。

同样的道理，对孩子消极冷漠的态度会让孩子失去信心，低估自己的能力。因此，如果孩子有不足的地方，批评时一定要注意场合、时机，并且尽量用委婉的语气给孩子指导和建议，帮他树立自信。

## 2．让孩子在日常生活中认识自己

孩子对自己能力的认识，有一部分来自生活实践，比如当孩子成功完成一件事情的时候，他会认识到自己有这样的能力再去做同样的事，这便是认识自己能力的过程。在日常生活中，我们应该多给孩子认识自己的机会，比如：通过让孩子做一些家务劳动，让他认识自己的动手能力；适当地让孩子做一些超出他能力之外的事，让孩子明白自己的能力极限在哪里；等等。

# 让孩子在反思、检讨中认识自己

能够反躬自省的人，就一定不是庸俗的人。

——布朗宁

曾子告诉我们要"吾日三省吾身"，即每天都要抱着反思、检讨的态度审视自己，这样才能更好地认识自己，及时发现自己存在的问题，不断提升自己。对于正在成长的孩子来说，我们有必要让孩子养成反思、检讨自己的习惯，让孩子更加了解自己，不断进步。

妈妈发现迪迪最近染上了一个臭毛病，即一遇到事情总是把责任推到别人头上，对于自己的过错一点也不懂得反思。妈妈决定帮迪迪改掉这个坏毛病。

周三的晚上，迪迪和平常一样，先是和同学去打球，然后回来看电视，看课外书，一直到11点才睡。平时，每天都是妈妈叫迪迪起床，而这一次妈妈决定让迪迪犯一次错误，于是早上的时候，妈妈并没有叫迪迪起床。等到迪迪醒来的时候，已经8点多了，迪迪赶到学校的时候，早自习都结束了，老师批评了他。

回到家后，迪迪十分沮丧，对妈妈埋怨道："都是您不好，不叫我起床。"妈妈对迪迪说："你明明知道今天要上学，为什么昨天还睡那么晚呢？这是你自己犯的错误，就应该自己去承担后果，而不能随便把错误推到别人头上，而且妈妈不可能提醒你一辈子，如果犯了错误，你要懂得自我反省。"

从此以后，迪迪做错事的时候都会自我反省，很少再推卸责任了。

在现实生活中，很多孩子会像迪迪一样，受到家人无微不至的照顾，对家长形成了很强的依赖性，自己犯了错总是习惯性地把责任推到大人的头上。幸亏妈妈及时教育迪迪，引导迪迪自我反省，让他认识到了自己的错误。

其实，对于孩子来说，培养自我反省、检讨的能力是十分重要的。一方面它可以帮助孩子始终以一种谦虚的态度生活和学习；另一方面，可以帮助孩子不断发现自己的优缺点，从而加以改正和完善，不断充实自己，提升自己。那么，怎么才能让孩子学会反思、检讨自己呢？

## 1. 善用"沉默法"，给孩子反思的空间

当孩子犯了错，很多父母的第一反应是让孩子承认错误，可是事

实上，即使孩子迫于父母的压力承认了错误，他打心底里也是不服气的，未必会真正认识到自己的错误，而且，还可能因为怕受到大人的责罚而撒谎。

那么，遇到这种情况该怎么办呢？这时不妨试试"沉默法"，即保持沉默，给孩子一些反思的空间。不要小看这种方法，孩子在犯了错的时候通常内心会有不安的感觉，这种无声的责问不仅能避免与孩子发生冲突，还能让孩子受到内心的责罚，从而反思自己的行为，认识到自己的错误。

### 2. 让孩子学会总结经验教训

犯错不可怕，可怕的也并不是不去承认错误，而是犯了错不会总结经验和教训，下次遇到相同的问题还是会犯错，这便是缺乏自省能力的表现。所以，家长要让孩子学会总结经验和教训，提升他的自省能力。

比如，当孩子和同学发生矛盾，与之争斗并吃了亏时，他会想："上次我用打架的方式来表达我的愤怒，但是吃了亏，下次再遇到这样的事该怎么办呢？有没有更好的解决方法呢？"其实这一过程便是孩子在总结经验和教训，这时父母最好不要把自己的价值观强加给孩子，比如说："看，早就跟你说不能打架，现在吃着苦头了吧？"而是应该引导孩子："为什么打架没有解决问题呢？下回换一种方法试试，例如控制住自己的冲动，尽量以一种平和的态度和对方沟通。"当孩子渐渐养成了总结经验教训的习惯，也就能自觉地进行自我反省了。

## 谨言慎行，莫要随便给孩子贴标签

> 培养一个好孩子不容易，但是要毁掉一个孩子，仅仅是给孩子负面评价就够了。

孩子在成长过程中，会被父母贴上各种各样的标签，其中有正面的，如"懂事""聪明""积极"，也有负面的，如"真笨""没出息""马大哈"，正面的标签可以给孩子激励的作用，而负面标签则可能会让孩子深陷消极情绪中不能自拔。

随便给孩子贴标签是一种不负责任的行为，不仅会影响孩子自我认知能力的发展，还会把孩子的缺点和他们自身捆绑得更紧，以至于形成强大的心理暗示，于是孩子就变成了你口中的那个"坏孩子"。

九九本来是一个优秀的小女孩，可是最近却变成了大人眼中的淘气鬼，老师眼中的调皮蛋，究竟是怎么一回事呢？

妈妈经常带九九出去玩，有时碰到熟人朋友，不免会对九九夸上几句，妈妈怕九九骄傲，总是谦虚地回应，"哪有啦，没你说得那么好""哪有很聪明，就一般般啦""别看她现在乖巧懂事，有时也闹腾得很"。妈妈完全没有意识到自己的言语已经对九九产生了心理暗示，当九九表现得不好的时候，妈妈又会说"真是越说你越胆小""一点也没以前听话""怎么这么笨"之类的话。

九九觉得妈妈都这么说自己，自己就是妈妈说的那样，渐渐地，九九由一个听话、乖巧的小女孩变成了一个到处捣乱、不听话的孩子。在学校，九九不认真听课，扰乱课堂秩序，不听老师的话，在家里我行我素，想做什么就做什么，变得异常淘气。

丸丸这一系列改变都是妈妈总是给她贴一些负面标签导致的，为什么这些负面标签会对孩子产生这么严重的影响呢？这是因为当我们给孩子冠以"笨""不听话""胆小"这样的标签时，会打击孩子的自尊心和自信心，让孩子逐渐形成一种自我暗示：我就是笨，我就是不听话，我就是胆小等，这样孩子就会在不知不觉中把自己归类，最终变成我们嘴上说的那个样子。

通常来讲，家长这种给孩子随意贴标签的行为受先入为主的观念所驱使，会对孩子在自我认知方面产生误导，因此，在教育孩子的过程中一定要谨言慎行，不要随便给孩子贴标签。那么该如何做到这一点呢？

### 1. 不要总是重复强调孩子的某些缺点

一些父母很喜欢重复强调孩子的某些缺点，如爱哭、爱闹、好动、胆小、害羞等，也许父母有意通过对孩子的负面评价来激励孩子，但是这样很容易陷入"标签效应"的恶性循环，即父母说出什么样的标签，孩子就会朝着那个方向发展。因此，父母不要总是重复强调孩子的某些缺点，以免孩子形成固化思维，不能全面认识自己。

### 2. 不要主观臆断孩子的行为

在教育孩子时，我们时常会不问清事情缘由，主观臆断孩子的行为，比如：当孩子在陌生人面前不打招呼，就说孩子"从小胆小"；当孩子以肚子疼为借口不去上学，就说孩子"爱撒谎"；等等。其实，孩子不愿意和陌生人打招呼，可能是因为孩子怕生；孩子不想去上学，可能是因为在学校发生了不开心的事情。所以，当遇到一些事情时，请不要轻易下结论。

另外，在孩子的成长过程中，孩子表现出顽皮、捣蛋、不爱学习、乱拿东西等毛病，这是正常的，家长千万不要因为孩子一时的行为轻易地下结论，给孩子贴上负面标签。

## 第三章

言传身教，做孩子的情绪
管理教练

能否管控住自己的情绪是一个人情商高低的重要
表现之一，那些高情商的人永远不会被自己的情绪所
左右，而那些低情商的人总是成为情绪的"奴隶"。
当然，情绪管理这门课对于孩子来说有一定的难度，
因此，我们要帮助孩子，做他的情绪管理教练，教他
认识情绪、管理情绪，做情绪的主人。

## 管理情绪，先让孩子认识情绪

管理情绪的前提是认识情绪，唯有对自己的情绪有一个清晰的认识，才能从根本上管控情绪。

情绪本身是一种抽象的概念，尤其是对于一些年龄较小的孩子来说，认识自身情绪是一件很难的事，不过情绪可以通过具象的形式表现出来。家长可以陪孩子看一些绘本作品，帮助孩子认识情绪。

3岁半的蒙蒙是个故事迷，最喜欢躺在妈妈怀里听故事，夏季的一个晚上，妈妈坐在阳台的椅子上为蒙蒙讲这样一个故事。

"从前，有一个男孩儿叫亚瑟。有一天晚上，他想看一部美国西部牛仔片，妈妈说：'太晚了，快去睡觉吧。'亚瑟不高兴了，说：'我要生气啦。'于是他就生起气来，他气得非常厉害，他的气化成一片片乌云、一道道闪电和一片片冰雹，妈妈说：'够了，够了。'

亚瑟却说'不够不够'，接着亚瑟的气卷走了屋顶，卷走了城市，最后，整个地球和整个宇宙都化为了碎片，而亚瑟坐在空中漂浮的碎片上想了又想，他问自己：'我为什么要生气呢？'亚瑟想不起来了。"

蒙蒙很喜欢听这个故事，每当妈妈讲的时候他都会盯着书上四分五裂的画面，对妈妈说："亚瑟生起气来真可怕呀。"妈妈则笑着说："我们的小蒙蒙生起气来也很厉害呢。"这时蒙蒙就会不好意思地往妈妈怀里钻，似乎已经意识到自己有时候乱发脾气，躺在地上打滚是不对的。

相信通过这个故事，蒙蒙会认识到生气这种情绪，认识到生气的破坏性和杀伤力。其实在《生气的亚瑟》这本绘本中，亚瑟的怒气还掺杂着许多别的情绪，比如：寂寞、害怕、伤心、失落、彷徨等，家长可以通过绘本中的故事来让孩子认识不同的情绪。另外，关于认识情绪、管理情绪的绘本还有很多，诸如《我不想生气》《菲菲生气了》《我好担心》等，家长可以根据自己孩子所处年龄段的特点为孩子选择合适的绘本。

让孩子学会管理情绪，首先要让孩子认识情绪，比如告诉孩子正在发生的情绪，"你看上去生气了""怎么有点沮丧的样子""你感到愉快""你很快乐""你有点悲伤"等。与此同时，还要告诉孩子哪些是积极的情绪，哪些是消极的情绪，比如积极的情绪有乐观、高兴、自信、幸福等，消极的情绪有沮丧、愤怒、忧虑、悲伤等等。

## 帮"郁闷"的孩子排除消极情绪

> 年幼的孩子由于受生理、心理发展水平的制约，当产生消极情绪的时候，他们往往不会自我排遣，而给自身造成很大的压力，因此，家长有必要给予孩子指导，帮他们排除消极情绪。

面对孩子的消极情绪，很多父母觉得这没什么，对孩子说"有什么好哭的""有什么可生气的"之类的话，结果孩子一听，情绪更加激动，可见这种方法并不可取。我们来看看下面这位母亲是怎么做的。

暑假的时候，妈妈带着8岁的喆喆去旅行，等到回来的时候，喆喆发现自己不小心把电话手表落在了酒店里，妈妈打电话过去，没人接，妈妈又打给酒店的服务人员，结果对方说并没有发现手表之类的东西。喆喆听后很沮丧，回到家，喆喆很委屈地对爸爸说："爸爸，我的电话手表丢了。"爸爸说:"怎么这么不小心啊,那肯定是找不回来了,爸爸再给你买一块吧。"喆喆听爸爸这么说,一下子大哭起来,爸爸有点不耐烦地说:"有什么好哭的,不是都答应给你买了吗?"

妈妈白了喆喆爸爸一眼,坐到儿子旁边,对喆喆说:"喆喆,你的手表丢了,妈妈也觉得很可惜,妈妈知道,你很喜欢这块手表,是吧?"喆喆点点头,哭声小了些,妈妈又问:"除了很喜欢外,这块手表对你来说还特别重要,是吧?"喆喆又点点头,对妈妈说:"是啊,电话手表里有很多平时一起玩的朋友的电话,这下全没了。"说着喆喆又要大哭的样子,妈妈赶紧接过话说:"原来是这样,不过你不用担心,电话手表和妈妈的手机绑定着呢,等到你买了新的电话手表,妈妈把手表记录同步发给你,这样你就不会丢掉任何一个好朋友了。"喆喆听了马上开心了起来。

喆喆弄丢了电话手表很伤心,爸爸觉得这没什么大不了,再买一块便是,而妈妈则试着承认并接纳喆喆的感受,并倾听喆喆的诉说,了解了喆喆伤心的真正原因,最后帮助喆喆消除了坏情绪。可见当孩子有消极情绪的时候,了解并接受他们的感受是十分重要的,比如要学会用心倾听孩子说话,多用一些诸如"噢""嗯""是吗""我知道了""真可惜"等字词来认同孩子的感受。

当孩子的感受被接纳了,这时就需要用一些方法来帮助孩子排除消极情绪。

# 儿童情商课

### 1. 转移孩子的注意力

转移注意力是一种最常见的方法，当孩子因为自己的一些缺点陷入悲伤的情绪时，家长要主动和孩子沟通，分散孩子的注意力，比如对孩子说："这个世界上没有一个人是完美无缺的，每个人都会有各自的优缺点，我们要学会看到自己的长处，正视自己的短处。"当孩子在学习上不顺心的时候，抽空带孩子去爬山，去逛公园，或是带孩子去他想去的地方，做他想做的事。若是孩子年龄较小，可以用他喜欢吃的东西或是心仪的玩具来消除他的消极情绪，比如孩子的玩具坏了，对孩子说"别伤心了，妈妈给你买一直想要的玩具熊"或是"别哭了，我们去吃你爱吃的冰激凌"，通常这样的方法会很有效。

### 2. 教孩子学会欣赏自己

懂得欣赏自己的人总能在悲观的情绪中找到积极向上的力量。家长可以告诉孩子：每一个人都是独特的存在，所谓"天生我材必有用"，无论在何时都不要妄自菲薄。与此同时，家长还可以教给孩子心理暗示的方法，当孩子有不良情绪的时候，让他暗示自己"我能行""我真行""这没什么大不了的"，以此来让孩子为自己鼓掌加油，用积极情绪抵消消极情绪。

### 3. 给孩子安慰和鼓励

孩子有消极情绪的时候，需要父母的安慰和鼓励。但是在现实生活中我们常常看到一些父母责备多于鼓励，致使孩子形成了自卑心理，而自卑心理对于孩子健康人格的形成是极其有害的。因此，当孩子遭遇一些挫折的时候，我们要及时给孩子安慰和鼓励，并帮助孩子分析失败的原因，总结经验教训，帮助孩子从消极情绪中走出来。

## 教孩子控制自己的愤怒情绪

愤怒是一种正常的情绪，每个人都有愤怒的时候，但是如果一个孩子常常因为一点小事就大喊大叫，管不住自己的愤怒情绪，则可能影响孩子的身心健康和人际交往能力的发展。因此，对于"易怒型"孩子，父母要给予正确引导，教孩子控制自己的愤怒情绪。

孩子发脾气是让父母十分头疼的问题，并且孩子在情绪激动的时候常常伴有一些破坏性的举动，比如摔门、扔东西、乱嚷乱叫等，尤其在公共场所，会让父母很尴尬。这时家长的第一反应往往是制止孩子的行为，先是好言劝说，然后是打骂批评，结果根本没什么用。其实想要从根本上解决问题，家长要让孩子学会自己控制情绪。

7岁的皮皮是个聪明灵巧的孩子，但是有一点让妈妈十分头疼——

爱乱发脾气，而且常常是无缘无故地对人发脾气，尤其是遇到什么不顺心的事时，喜欢摔东西、撕东西。为此家里的瓶子、罐子没少被他摔碎。

一天，妈妈在厨房里准备晚饭，皮皮怒气冲冲地用脚踹开了门，把书包扔到桌子上，一屁股坐在沙发上，抱着胳膊气呼呼地盯着电视不说话。妈妈赶紧过来问皮皮怎么了，皮皮生气地说："出的什么题，这么难谁会做！"说着从书包里拿出试卷一把撕碎了。妈妈一边开导皮皮，一边将撕成碎片的试卷捡起来用透明胶粘好，皮皮消了气，觉得有点不好意思，就去帮妈妈摆放碗筷。

第二天，皮皮拿着粘好的试卷去学校上课，同桌问他："你的试卷被你爸撕啦？"结果皮皮不知道哪里来的怒火，顺手给了人家一巴掌……等到妈妈赶到学校才得知，皮皮经常和同学们闹矛盾，动不动就发火，甚至还动手打人。

回到家后，妈妈想和皮皮谈谈，可是皮皮根本不听，妈妈说了他几句，他竟然跟妈妈吵了起来，最后把门一摔，把自己关在了房间里一个人生闷气。妈妈很苦恼，不知道该怎么管教皮皮了。

相信很多父母都有和皮皮妈妈一样的苦恼，孩子越来越难管教，动不动就发脾气，不能控制自己的愤怒情绪。一个人有情绪是正常的，但是如果孩子不能管控自己的情绪，不仅会对自己的身心健康造成影响，还很容易伤害他人，影响孩子的人际交往。那么该如何教孩子控制自己的愤怒情绪呢？

# 儿童情商课

### 1. 让孩子了解愤怒情绪

控制情绪先要了解情绪，因此家长首先要让孩子知道什么是愤怒，愤怒情绪有什么危害，比如会伤害他人的感情，破坏同学、朋友之间的友谊，甚至与人发生冲突从而造成人身伤害等。同时，还要让孩子认识到愤怒是一种正常的情绪，是可以被接受的，但是不加控制地乱发脾气是不能被接受的。

### 2. 帮孩子找到愤怒的原因

当孩子清楚地知道他因为什么而生气的时候，心里就有了预防和处理的方法。因此，作为家长，当孩子生气的时候，我们要帮助孩子找到让他生气、愤怒的原因。另外，也可以和孩子坐下来讨论那些容易让他生气的事，并让孩子写出自己的想法。

### 3. 教孩子认识愤怒的预警信号

孩子在发怒之前会有诸多表现，如嘟嘴、瞪眼睛、转身不理人等，我们应该让孩子留意自己要生气时身体所发出的这些预警信号，告诉孩子此时要冷静下来，或是找个地方冷却情绪。

### 4. 让孩子恰当地表达愤怒

压抑愤怒是不健康的，如果长期将愤怒的情绪积在心底，会对孩子的心理造成伤害。因此，我们在教孩子控制愤怒情绪的同时还应该教孩子恰当地表达愤怒，比如让他认识到动手打人、辱骂别人、摔东西等都不是表达愤怒的好办法，而是应该坦率地把自己心中的不满讲出来。另外，也可以教他采用转移注意力的方法宣泄情绪，比如让孩子通过跑步、听歌、打羽毛球等来合理释放情绪。

## 让孩子远离考试紧张、焦虑情绪的困扰

一般来说，孩子都或多或少有考试紧张、焦虑情绪的困扰，但是如果这些负面情绪得不到有效缓解，孩子长期压抑自己，就很可能患上"考试焦虑症"。因此，家长一定要予以重视，并采取针对性的对策，帮孩子克服不安情绪。

俗话说："考考考，老师的法宝；分分分，学生的命根。"虽然很多孩子多年在考场中锻炼，但是一到了考试的时候还是会自乱阵脚，产生焦虑情绪。

期末考试快到了，赫赫在紧张地进行复习，因为有些知识点没有掌握，赫赫急得满头大汗，但是越是着急越学不进去，结果几个小时过去了，什么事也没做成。赫赫生气地把复习资料摔到了地上。

爸爸听到赫赫屋子里的动静，推开门问："赫赫，怎么了？"赫赫

一脸愁容地对爸爸说："学不进去，太紧张了。"爸爸看到赫赫情绪十分低落，走过来陪儿子坐下，说："儿子，不就是一场考试吗？没什么大不了的，何况还没考试呢，你自己就慌了，这怎么能行？想想那些上战场的士兵，面对生死都那么从容，这点小事算什么。"

"爸，那能一样吗，人家那是保家卫国，死得其所。"赫赫来了兴趣，反驳道。

"怎么就不一样了，考场如战场，你爸也是身经百战的过来人，想当年金戈铁马……"

"爸，您还是少提您那'光辉事迹'吧，我妈都告诉我了。"赫赫狡黠地一笑。

"你这小兔崽子，你说，你妈说啥了？"爸爸故意吹胡子瞪眼地问。

看到爸爸的样子，赫赫扑哧一笑："好了好了，问我妈去，我要复习了，您快出去吧。"说着便把爸爸推了出去。

关上门后，听着爸爸一边念叨着自己，一边渐行渐远的脚步声，赫赫的眼眶湿润了，因为自己每次考试前都会不由得焦虑、紧张，而爸爸都会用调侃的方式来开导自己，神奇的是，每一次和爸爸聊过天后，自己都会像现在一样充满了信心和力量。

这是一位有智慧的父亲，面对儿子考试前的焦虑情绪，这位父亲并没有讲大道理，或是进行苦口婆心的说教，而是用一些诙谐的语言消除了儿子的紧张、焦虑情绪，并给予儿子信心和力量，这种做法，值得每一位家长借鉴。

现在一些孩子，学习压力很大，尤其看重每次的考试，每当临近考试的时候就会出现焦虑心理，最明显的特征就是闷闷不乐，经常一个人坐着发呆，时不时翻翻课本，但是又不能静下心来看书。严重一点的话，沉默寡言，对什么事都提不起兴趣，甚至一听到关于考试的任何消息，就会紧张过度，陷入极度的恐慌之中。也有的孩子在考试过后因为过于担心成绩，陷入莫名的假想、猜测之中。如果孩子长期处于这种焦虑情绪中，一方面，对学习的积极性会大大减弱；另一方面，可能会对生活抱以消极的态度，对自己的心理健康造成影响。

那么，家长应该怎么帮助孩子克服考试焦虑情绪呢？

### 1．让孩子宣泄焦虑情绪

不管是哪种消极情绪，如果总是憋在心里得不到宣泄，就相当于埋下了一颗定时炸弹，一旦积累到一定程度就会爆炸，对身心健康造成严重创伤。因此，如果家长发现孩子有考试焦虑情绪，一定要及时和孩子沟通，让孩子宣泄自己的焦虑情绪。比如采用跑步、大哭、找人倾诉、听音乐等方式，让孩子把情绪宣泄出去。

### 2．教孩子深呼吸调节法

一场考试中，最让人紧张的时刻有三个：一是临上场前；二是考试过程中；三是成绩揭晓的那一刻。这时应对紧张情绪的最好方法便是深呼吸调节法，即闭上眼睛，什么也不想，先是缓慢地吸气，然后停住几秒，再缓缓吐气，这样反复几次，紧张的情绪便会有所缓解。

### 3．让孩子进行积极的自我心理暗示

积极的心理暗示对于缓解焦虑、紧张情绪很有效，比如在考试之前让孩子对自己说"我今天的状态很好，正常发挥就行""这么多年的'大风大浪'都见过了，何必因为这一次小小的考试而紧张""考试有什么啊，别人能考好，我也能考好"等。

### 4．认真对待孩子的考后焦虑

家长注重孩子考前的紧张固然重要，但孩子考试过后的焦虑也不可忽视。通常来说，相比于考前，考试过后孩子更容易焦虑。特别是对于一些比较重要的考试，如果孩子觉得自己在考试中没发挥好，就会长时间陷入对结果的担忧。

因此，在考试过后，家长应该认真观察孩子的心理状态，如果发现孩子有焦虑的表现，一定要及时开导孩子。比如可以告诉孩子"不用太担心，考试已经结束了，担心不担心都改变不了最终的成绩，还不如不去想它，好好放松一下""试卷难，大家都难，又不只你一个，所以没必要太担心""这次考不好还有下次，考试又不是一锤子买卖，爸爸妈妈都相信你的能力"等等。

# 利用"椰壳效应"帮孩子克服厌学情绪

在孩子的成长过程中，"厌学"的现象普遍存在，这是一种对学习产生负面情绪的表现。厌学情绪的产生原因有多种，如学习遇到困难，与同学、老师关系不好等，如果家长不能正确引导，会对孩子的学习及成长造成一定影响。

一般来说，孩子或多或少都有厌学情绪，主要表现为上课不专心听讲，课后写作业不积极，整天喊苦喊累等。面对孩子的厌学情绪，许多家长使出浑身解数却不见效果，不禁为此苦恼不已。

滔滔最近不爱学习，据老师反映，滔滔不认真听讲，经常在课堂上搞小动作，一会儿和同桌窃窃私语，一会儿低着头不知道在做什么。爸爸也发现，滔滔对课后作业的态度很敷衍，每天都要催着他写作业，而且他做作业一点也不认真，一会儿玩笔，一会儿停下来吃个水果。为此爸爸批评了他好几次，可是根本没什么用。一次，爸爸看到滔滔扔下写到一半的作业看电视去了，十分生气，对滔滔斥责道："怎么不长记性？跟你说了多少遍了，写作业就写作业，不能玩儿别的，赶紧把电视关了！"滔滔不情愿地关掉电视，写作业去了。

当孩子表现出厌学情绪时，很多家长会控制不住自己的怒火去批评教育孩子，但是这样只会引起孩子内心的排斥和不耐烦，加重孩子的厌学情绪。其实，相比苦口婆心的说教，家长可以试试运用"椰壳效应"来帮孩子克服厌学情绪。那么，什么是"椰壳效应"呢？我们先来看一个小故事。

从前，有一个孩子很不喜欢吃饭。一天，父亲带回来一个新颖别致的椰壳，孩子看到后爱不释手，父亲灵机一动，把椰壳锯成两半，做成孩子吃饭的饭碗，结果孩子爱上了吃饭。

这种现象被称为"椰壳效应"，从中我们可以看出，只要父母运用正确的方法，孩子的厌学心理就能迎刃而解。如果我们想把"椰壳效应"运用到孩子身上，具体该怎么做呢？

### 1. 换一种方式要求孩子

孩子有了厌学情绪，心情十分烦躁，如果这时再去批评教育孩子，无异于火上浇油，这时家长不妨换一种方式，比如当孩子不想写作业时对他说："今天晚上我们开家庭会议，需要你的参与，所以你要赶紧把作业写完。"一方面，孩子会对家庭会议感兴趣；另一方面，孩子自认为受到了大人的尊重，这样他就会尽快把作业做好。

### 2．以兴趣调动孩子的积极性

孩子产生厌学情绪，多半是因为觉得学习枯燥无味，对学习产生了倦怠感。如果可以唤起孩子对学习的兴趣，自然就可以消除孩子的厌学情绪。为此，家长要了解孩子喜欢以什么样的方式学习，帮孩子分析厌烦学习的原因，教孩子一些高效率的学习方法。比如对于作业问题，可以让孩子用自己喜欢的方式去完成，父母不要反复督促和提醒，只要孩子能及时完成就行。当然如果孩子的作业质量出现了问题，也应该和孩子沟通，共同寻找提高作业质量的方法。

另外，家长还可以采用寓教于乐的方法来激发孩子的学习兴趣，比如学习历史的时候带孩子去博物馆参观，背枯燥的数学公式时让孩子和家人进行一场背诵比赛等。

# 用耐心化解孩子的嫉妒之心

嫉妒是一种有害的情绪，它不仅会破坏人际关系，还会损害人的身心健康。对于未成年的孩子来说，摆脱嫉妒心尤为重要。

孩子中普遍存在嫉妒心理，尤其是有些孩子从小形成了以自我为中心的习惯，认为所有人都要让着自己，围着自己转，一旦别人表现得比自己优秀，就会产生嫉妒心理。

恺恺自幼聪明伶俐，深受亲朋好友的喜爱，大家都喜欢叫他"小帅哥""小天才""小绅士"。由于在一片称赞声中长大，所以恺恺十分争强好胜，容不得别人有任何地方比他强。

一天，恺恺放学后闹情绪，说再也不去学校了，妈妈问他为什么，他说："我觉得我的手工做得好，老师却表扬了亮亮，还把他的手工作品放在柜子里展览。"妈妈花了很大力气才说服恺恺继续去上学。

平时在学校的时候，只要老师表扬其他小朋友，恺恺就会闷闷不乐，而且有时还会故意攻击受到老师表扬的小朋友。考试成绩下来了，恺恺看到同桌考得比他好，便会嫉妒、生气。因此，大家都不怎么愿意和恺恺玩耍，因为恺恺的嫉妒心太重了。

从上面的案例中我们可以看出，孩子的嫉妒心理往往是通过将自己与别的小朋友相比较而产生的，即当孩子看到别人在某些方面比自己强时就会产生嫉妒心理，比如：大人当面夸别的孩子，因此对被夸的小朋友采取不友好的态度；同样是在玩积木，看到人家搭得又快又好，自己却怎么也搭不好，于是一把将人家的积木推倒……

孩子的嫉妒是一种自然情感，是一种可以理解的正常情绪反应，但是如果孩子的嫉妒心理不能及时纠正，任其发展，就会导致孩子产生一些不良情绪，如自卑、焦虑、忧愁等，不利于孩子的身心健康发展。因此，当孩子出现嫉妒心理的时候，家长一定要耐心引导孩子，帮助孩子拔掉嫉妒这根"刺"。

那么，具体该怎么做呢？下面我们给出几点建议：

### 1. 教孩子学会友好竞争

现在很多孩子从小被家人捧在手心里，因此也逐渐形成了以自我为中心的性格，好胜心、虚荣心强，一旦发现别人比自己强，或是别人受到了表扬，就感觉自己受到了不公平对待，从而产生嫉妒心理。为此，家长应该让孩子学会友好竞争，在竞争中不断充实自己、提高自己。

## 2．让孩子正确地评价自己和他人

嫉妒心理的产生很大程度上是因为不能正确地评价自己或他人，比如有些孩子看不到别人的优点，当他人受到表扬或是取得一点成绩的时候就会愤愤不平，从而产生嫉妒心理。因此，家长要教孩子学会正确地评价自己和他人，让孩子清楚地认识到自己的能力，不对自己提过高的要求，敢于承认自己的缺点，对于别人的长处要学会欣赏，并虚心向别人学习。

## 3．教孩子一些消除嫉妒心理的方法

家长要教孩子一些消除嫉妒心理的方法，当孩子产生嫉妒心理的时候，让孩子学会自我调节。比如当孩子觉得在一个团队里得不到重视而闷闷不乐时，可以让孩子换一种态度，比如鼓励孩子付出更多的努力来获取别人的重视。

## 4．鼓励孩子树立自信心

通常来说，有嫉妒心的孩子多数会有自卑感，而且往往看不到自己的优点，缺乏自信心。而一个自信的孩子很少会嫉妒他人。因此，要帮孩子消除嫉妒心理，就要培养孩子的自信心。比如当孩子自己解决了一个难题或是取得了一点点进步的时候，父母要给予孩子赞赏，让孩子在父母的鼓励中不断增强自信。

## 锻炼孩子的忍耐力和自制力

测量一个人的力量的大小，应看他的自制力如何。

——但丁

　　自制力是人的一种意志品质，也是一种能力，即善于控制和支配自己行动的能力。自制力强的人能表现出应有的忍耐力，因此善于控制自己的情绪；而自制力差的人则忍耐力较差，容易被自己的情绪左右，意气用事。

　　著名心理学家瓦特·米歇尔曾做过一个实验，他让幼儿园的老师分给每个孩子一块糖，并告诉他们："你们现在吃，只能得到一块糖，如果能等到我回来，我会再奖励给你们一块。"老师走后，一些孩子经受不住糖果的诱惑，迫不及待地吃掉了糖果，另一些孩子则克制住了自己的冲动，等到老师回来，因此他们得到了两块糖果。在此之后，米歇尔团队对这些孩子进行了跟踪调查，直到他们高中毕业，结果发现：那些经不住糖果诱惑的孩子在长大后通常自制力差，不能很好地控制自己的情绪；而那些懂得忍耐的孩子则表现出很强的自制力。我们把这种心理学现象称为"延时效应"或"延时满足"。

在现实生活中，很多孩子都是独生子女，父母太过宠爱孩子，对孩子的要求有求必应，致使一些孩子做事虎头蛇尾，缺乏意志力和耐性。其实，家长可以适当采用延时满足的方法来锻炼孩子的忍耐力和自制力。

媛媛刚上幼儿园，每天妈妈接媛媛放学的时候总能在路口看见一个卖糖葫芦的摊位，每次媛媛都嚷嚷着要吃。后来媛媛吃坏了肚子，从那以后她再提出要吃糖葫芦，妈妈都会拒绝，媛媛每次都会哭闹好一会儿，妈妈觉着这样下去也不是办法，于是想出了一个解决办法。

当媛媛又一次缠着妈妈要买糖葫芦的时候，妈妈对她说："媛媛，你想吃可以，但是不是现在，等到周末的时候妈妈带你去超市买，那里的糖葫芦又干净又好吃。"媛媛虽然不高兴，但是没有哭，因为她之前吃过那里的糖葫芦，确实很好吃。第二天，媛媛竟然主动对妈妈说："妈妈，今天我不吃糖葫芦哦，等到周末的时候再吃。"周末的时候，妈妈兑现了自己的承诺，而且为了表扬媛媛，还给她买了一个布娃娃。

我们经常会在商场看到这样的情景：一些孩子看到自己喜欢的玩具就拉着大人的手不走，甚至哭闹，在地上打滚。如果遇到这种情况，不妨试试媛媛妈妈的方法，用延时满足来锻炼孩子的忍耐力。也许刚开始的时候孩子会很难接受，但是只要多练习，孩子便会懂得坚持与忍耐。

当然，除了延时满足，家长还可以运用以下方法来锻炼孩子的忍耐力和自制力。

### 1．给孩子提供有意义的动机

想要孩子自觉地约束自己的行为，关键是要给孩子提供有意义的动机，我们要懂得孩子真正想要的是什么，什么是孩子真正在乎的事，然后想办法把这件事和你希望孩子做出的行为捆绑起来，这样就为孩子的自律提供了一个强大的动机。

比如孩子喜欢吃冰激凌，但是你又怕他一次吃太多吃坏肚子，你可以这样说："吃冰激凌要一小口一小口吃，一次不要吃太多，若是你能做到，即使以后你不提出要求，妈妈也会经常买给你。"

### 2．从锻炼孩子的专注力入手

专注力是忍耐力的基础，一个专注力强的人往往会有相对较强的忍耐力和自制力，因此，家长可以从锻炼孩子的专注力入手培养孩子的忍耐力和自制力。比如根据孩子的年龄特点，可以为孩子提供一些提高专注力的游戏，如"找不同""智慧拼图""抽积木""摆多米诺骨牌"等。

## 第四章

### 从点滴做起，打造孩子过硬的
### 心理素质

现在的很多孩子具有这样的特点：经受不起挫折，遇到一丁点困难就畏惧、退缩，面对失败的打击脆弱不堪……其实，这都是心理素质差的表现。孩子只有具备了过硬的心理素质，才能更好地迎接生活给他的挑战，才能积极地拥抱生活，活出自己的精彩人生。因此，家长要从点滴做起，打造孩子过硬的心理素质，强大孩子的内心。

## 给孩子恰到好处的"挫折教育"

俄国著名物理学家列别捷夫曾说："平静的湖面，练不出精悍的水手；安逸的环境，造不出时代的伟人。"困难和挫折可以磨炼孩子的意志，强大孩子的内心。

现在的孩子大多从小被爸爸妈妈宠着，因为没有经历过挫折，所以没有抵抗挫折的能力，容易被困难和挫折击垮，比如：一些成绩出色的孩子因为一次没考好就灰心丧气，止步不前；有的孩子从小没受过委屈，上学后偶尔受到老师的一两次批评就赌气不去上学；有的孩子经不得一点困难，有点风吹雨打就畏缩……试想，一个没有过硬心理素质的孩子又怎会有高情商呢？因此，我们必须从小给孩子一些挫折教育，教会孩子怎样去面对挫折，怎样学会坚强。

佐佐妈妈因为工作的关系生孩子比较晚，所以自打佐佐一出生，全家人就对佐佐百般呵护，不让佐佐吃一点苦，受一点委屈。基于全家人的期望，爸爸妈妈从小为佐佐报了各种辅导班，佐佐也表现得很出色，加上乖巧懂事，很受亲朋好友和邻居的喜爱。

上了幼儿园，佐佐的各种特长得以发挥，还拿了不少奖。而等到佐佐上小学的时候，爸爸妈妈本以为佐佐会很快适应学校的生活，并开始一段美好的学习生涯，谁知，自上学第一天起佐佐就闹起了脾气，而原因竟然是佐佐对老师分给自己的座位产生了意见，他想挨着一个认识的小男孩一起坐，可是老师没同意。回家后，佐佐说什么也不去上学了，妈妈哄了好长时间，才勉强说动他。换座位的事刚刚平息，班里竞选班长，佐佐没能选上，选文艺委员，佐佐也落选了，佐佐从没受到过这样的打击，回家后一言不发，怎么劝都没有用。

现在很多孩子，不仅从小生活在优厚的物质环境中，而且还有家长的全面保护，所以自小没吃过什么苦，没经历过什么挫折，一旦脱离了之前舒适的环境便不能承受任何的失败和挫折，甚至做出一些极端的举动，如逃学、离家出走、自杀等。

然而困难、失败和挫折是客观存在的，我们必须要让孩子学会正确面对挫折，学会克服困难。作为家长，应该抓住时机，给孩子一些恰到好处的挫折教育，以此提高孩子的心理素质。那么具体该怎么做呢？

### 1．进行体能上的磨炼

平时，家长应该让孩子积极参加各种活动，进行体能上的磨炼。比如：鼓励孩子晨跑、晨练；空闲的时候，带孩子去爬山、攀岩等；带孩子参加夏令营；等等。在这些活动中，孩子会体验到劳累和艰辛，学会勇敢和坚持，从而增强自身的抗挫折能力。

### 2．帮孩子分析原因，正视挫折

所谓"当局者迷，旁观者清"，当孩子身处困境的时候往往无法看清自己的问题所在，自然就无法正确地看待困难和挫折。这时家长应该帮助孩子分析遭受挫折的原因，找出问题的症结所在，并给孩子以指导，让孩子想办法克服困难。

### 3．把握挫折教育的"度"

凡事要有度，对孩子的挫折教育也是一样。一些家长盲目地对孩子进行挫折教育，结果适得其反，不仅没有让孩子变坚强，反而让孩子变得胆小、自卑，其根源就在于没有把握好挫折教育的"度"。挫折教育应该把握好适度原则。为什么这么说呢？因为不同年龄段的孩子对挫折的承受能力不同，过度的挫折会给孩子造成身心上的伤害。因此，作为家长要了解孩子自身的特点，采取恰当的挫折教育，既要让孩子感受到一定的困难和压力，又要让孩子在经过努力后能感受到胜利的喜悦。

# 教孩子自我激励，为自己加油

一个善于自我激励的人总是能够发挥自身的潜能，为战胜眼前的困难积蓄力量，从而创造出超越自己的神话；而一个不会自我激励的人，往往在困难面前不堪一击。

有关研究表明，在困难面前，高情商的孩子往往能够自我激励，为自己加油打气，并且不会轻易放弃。孩子在成长过程中会遇到各种挫折和失败，让孩子学会自我激励，告诉自己"我能行"，不仅能帮助孩子缓解失败带来的紧张情绪和压力，还能促进孩子的情商发展。

森森是个比较贪玩的孩子，做作业十分马虎，学习成绩始终平平。在一次考试中，森森信誓旦旦地向妈妈保证要考90分，但是却因为马虎，本来会做的题目也做错了，而且还被老师批评。森森觉得很没面子，决心要改掉马虎的毛病，但是几天下来，没有什么效果，森森有点沮丧。

这时妈妈告诉他一个好方法，即每次写作业之前都对自己说："森森，你是个细心的孩子，你可以的！"一段时间过后，森森发现自己马虎的毛病改了很多。很快，期末考试到了，在进考场之前，森森有点紧张，这时他又用类似的方法对自己进行心理暗示："相信自己，复习好了就没问题。"在答题的过程中，森森始终心态平稳，不慌不忙地答完了试卷。等到成绩公布的时候，森森发现自己竟然超常发挥了！

森森通过自我激励的方法改掉了马虎的毛病，并且在期末考试中消除了自己的紧张情绪，取得了很好的成绩。经过大量研究表明，在同等水平、同等能力下，那些能在比赛或考试之前进行自我激励和积极心理暗示的人，往往能取得更好的成绩。

对于正在成长的孩子来说，他们的心智尚未发育成熟，他们更需要用科学的自我激励的方法来应对成长过程中的每一个困难和挫折。因此，我们应该教孩子学会自我激励，为自己喝彩，以此激发他们的自信心，不断前行。以下几点建议能让孩子学会自我激励。

### 1. 教孩子学会积极的自我暗示

积极的自我暗示能增强孩子的自信心，提高其积极性，给孩子以莫大的动力。因此在日常生活中，父母应该教孩子用一些正面的话语来激励自己，例如"我一定能成功""我相信自己可以""我没问题的"我这次表现还不错""我会做得更好"等。

## 2. 引导孩子学会设定合适的目标

一个善于自我激励的孩子必定有着明确的目标，因为只有在清晰目标的引导下，才能产生源源不断的自我激励的动力，进而促使孩子朝着目标不断迈进。通常孩子会自己设定一些目标，比如学习成绩超过某某，踢球技术超过某某，但是有时孩子也会设定一些不切实际的目标，而这些目标太远大，并不能唤起孩子自我激励的欲望。

因此，父母应该帮助孩子学会设定合适的目标。比如在某次考试过后，孩子想要为自己设定一个目标，以此来提高自己惨不忍睹的成绩。如果平时成绩不及格，显然90分的目标不切实际，那么可以将目标设定在60分。如果平时成绩在60分左右，可设定目标在70分，以此类推。这样循序渐进就会逐渐接近最终的目标——90分。

## 3. 鼓励孩子自我表扬

父母让孩子学会自我激励的同时，也要让孩子学会自我表扬。比如当孩子做了一件错事并主动承认了错误的时候，可以对孩子说："妈妈很欣慰你能主动承认错误，因为这是一件需要莫大勇气才能办到的事，所以不仅妈妈要表扬你，你自己也应该表扬一下自己……"再比如当孩子考试成绩不理想的时候，告诉孩子："不管结果怎样，妈妈知道你已经尽力了，所以你应该给自己一个鼓励，为自己加加油吧！"

## 赋予孩子一份"输得起"的精神

> 在孩子的成长道路上，家长不仅要教会孩子怎么赢，还要让孩子学会输得起，因为只有输得起才能赢得起。

作为家长的你也许有这样的发现：做游戏时，孩子一旦输了比赛，就会发脾气，死不认输；练习画画，结果画得一团糟，于是一气之下把辛辛苦苦画了很久的作品撕得粉碎；在学校参加竞赛，没有拿名次，气急败坏，嚷嚷着以后再也不参加了……这都是孩子很典型的"输不起"的表现。

一进家门，莎莎把自己的书包往沙发上一扔，气呼呼地说："下次演讲比赛，我再也不参加了！"妈妈知道莎莎是因为演讲比赛的事不高兴，为了这次演讲比赛，莎莎一直很用心地准备着，搜集资料、写演讲稿、练习发音，因此，妈妈很能理解莎莎现在糟糕的心情。

"跟妈妈说说是怎么回事。"妈妈示意莎莎坐下，试探着问。

"今天演讲比赛，我只得了三等奖，我那么认真地准备。"莎莎有点气愤地说。

"第一就只有一个，不可能人人都得第一啊，况且三等奖也不错了，总比没有的好。"妈妈安慰说。

"我努力了那么久，为什么不能得一等奖啊，而且得一等奖有好多奖品，我只有个破本子，真没意思，以后我再也不参加这种比赛了！"莎莎似乎有撒不完的气。

妈妈觉得这时跟莎莎讲再多道理也没有用，因为她根本听不进去。于是，妈妈对莎莎说："莎莎，跟妈妈出去骑车转转怎么样？"莎莎也想摆脱这件烦心事，便答应了妈妈。

莎莎刚学习骑自行车，只会踩半圈，妈妈则是踩整圈，妈妈特意找到一块空旷的场地，提议和莎莎进行自行车比赛，结果莎莎输掉了比赛。妈妈问莎莎："知道你为什么会输掉比赛吗？因为妈妈踩的是整圈，你踩的是半圈。"莎莎不服输的劲儿又上来了，为自己辩解说："您是大人，我是孩子，所以我才输掉了比赛。如果和其他小朋友比，我肯定赢。"正好这时邻居家的胖胖骑车路过，不过胖胖已经学会了踩整圈，妈妈让莎莎和胖胖比赛，结果莎莎还是输掉了比赛，不过莎莎没有为自己辩解，也没有抱怨，而是抹了一把头上的汗水，对妈妈说："妈妈，你教我踩整圈吧。"就这样，妈妈耐心地给莎莎做示范。

等到莎莎学累了，妈妈就陪她坐在路旁的台阶上休息。妈妈语重心长地说："人的一生中有很多比赛，只要是比赛，就一定会有输赢，赢了固然好，但是输了更要输得起，只有接受失败，改正缺点，你才能不断进步，最终取得胜利。"莎莎托着腮沉思了片刻，若有所思地点了点头。

当莎莎因为输掉一次演讲比赛而抱怨、气愤的时候，妈妈试着开导她，但是没什么效果，于是妈妈带莎莎去骑自行车，在骑车比赛的过程中让莎莎懂得了"输得起"的道理。

其实，从儿童心理学的角度来讲，孩子的"输不起"是一种正常现象，因为无论什么事情，孩子总是希望自己比别人强，但是由于孩子年龄小，心理不成熟，因此一旦有不如人的地方或是输给别人时就会出现生气、愤怒等情绪。

孩子的这种输不起的心态对于自身的健康成长是不利的，一个输不起的孩子心理承受能力较差，在遇到一些失败、挫折的时候不能以正确的心态面对，很容易陷入不良情绪中，不仅给自己的身心健康带来影响，还可能会影响孩子的人际关系。而让孩子拥有一份"输得起"的精神，则有助于提升孩子的"抗逆力"，让孩子在以后遇到挫折时不容易跌倒。那么该如何让孩子学会输得起呢？

## 1. 给孩子示范对待失败的态度

父母遇到问题的时候，要为孩子树立一个正确对待输赢态度的榜样。比如妈妈做菜时烧煳了一锅菜，这时不要抱怨自己，而是笑着说："好好的一锅菜可惜了，不过这次我已经掌握了火候，下次一定做好。"爸爸在补胎，但是总有一些地方还是漏气，这时不要丧气，而是继续认真观察："到底哪里出错了呢，看来还是找得不够仔细，再认真点就好了。"这样，父母以积极乐观的态度对待失败，孩子耳濡目染，就会增强面对困难、失败时的信心和勇气。

## 2. 让孩子正确看待失败

通常输不起的孩子都不能正确地认识失败，认为失败就是掉面子，失败是一件坏事。我们要告诉孩子"胜败乃兵家常事"，每个人都不可能成为常胜将军，而且失败未必都是坏事。如果采取积极的心态面对，从失败中总结经验和教训，失败就是一件好事。当然，孩子在经历"输"的时候总会有一些小小的失落，这时我们应该给孩子以鼓励和安慰："这次输掉了比赛很可惜，但是一次输赢代表不了什么，这次输不代表下次会输，只要不断努力，总有成功的时候。"

## 3. 培养孩子豁达的心胸

豁达的心胸是孩子输得起的关键，但是很多家长却不知道这一点，因为在教育孩子的时候时常会犯这样的错误：孩子与人打架打输了，就责怪孩子，"他打你，你怎么不懂得打他呀"；孩子的玩具被其他小朋友抢走了，就指责孩子，"你不会跟他抢啊"……这样斤斤计较，孩子又怎能学会输得起呢？想让孩子学会输得起，就要培养孩子豁达的心胸，成为一个心胸宽广的孩子。

## 给孩子"胜不骄、败不馁"的启迪

胜利了固然高兴，但也不要骄傲；失败了固然难过，但也不要气馁。"胜不骄、败不馁"不仅是一种可贵的品质，也是一个人强大的心理素质的体现。

孩子在成长的过程中会经历许多胜利与失败，我们都希望孩子能够胜不骄、败不馁，但是在实际生活中，很多孩子在取得一点小小的成绩或是小小的胜利时就会翘起自己的小尾巴，而当遇到失败的时候则像是泄了气的皮球。

周末的时候，妈妈带着潘潘找寒寒玩耍。两个小家伙在操场上比赛骑车，寒寒刚学会骑车，还不是很熟练，所以一直是潘潘在前面骑，寒寒在后面追，一圈下来，潘潘首先到了终点，得意扬扬地对不远处的寒寒说："你快点呀，这么慢。"寒寒听到后有点不高兴。过了一会儿，他们又去玩滑板，寒寒刚开始学习，站都站不稳，看到寒寒有点滑稽的样子，潘潘在一旁笑个不停，寒寒玩了几下就不玩了。

第二天下午，妈妈带着潘潘在小区广场上玩滑板，一个邻居小朋友拿着自己的滑板过来和潘潘一起玩，结果潘潘看到人家玩得比自己好，就不想玩了，妈妈问他："你是不是觉得刚才那个小朋友比你玩得好，你就不高兴了？"潘潘点点头说"是"。妈妈对潘潘说："虽然没有人家玩得好，但是也不要气馁，只要向人家学习，坚持练习，就能像人家一样滑得好啦。"听了妈妈的话，潘潘向妈妈保证，以后一定要好好练习，再也不偷懒了。

像潘潘一样的孩子在生活中很常见，赢得了一场小小的胜利就翘起自己的小尾巴，而当自己不如别人的时候就会瞬间泄气，这样的孩子往往情商较低，因为他们不懂得"胜不骄、败不馁"的道理。

"胜不骄、败不馁"，即在取得胜利或是一些成绩的时候不骄傲自满，有一颗谦虚的心，而面临失败的时候也能做到不灰心、不气馁。要让孩子做到这一点，日常生活中，家长应该给予孩子指导。比如：当孩子因为一次考试成绩不错而得意忘形的时候，在表扬孩子的同时还要告诉他"人外有人，山外有山""谦虚使人进步，骄傲使人落后"的道理；当孩子在一次竞赛中因为失利而受到打击，灰心丧气的时候，给孩子以鼓励，告诉他偶尔的一次失败并不代表什么，只要在失败中汲取教训，继续努力，一定能获得自己心中期望的结果。

## 放开双手，让孩子在风雨中坚强

教育孩子，首先应该让孩子的内心强大起来。孩了拥有了坚强的意志，才能勇敢、从容地应对成长道路上的一切困难和挫折，才会不断成熟，成长为一个人格健全的人。

在生活中，总有一些孩子心理承受能力弱，遇到一点困难就畏缩不前，甚至酿造出一幕幕轻生的悲剧。其实孩子的心理如此脆弱，和家长的教育方式有很大的关系。一些父母对孩子呵护备至，不让孩子经历生活中的风雨，自以为在完美的保护下孩子会健康成长，殊不知温室中的花朵永远经不起风雨的考验。为了让孩子能够从容应对人生旅途上的挫折，我们要学会放手，让孩子去经历风雨，面对困难，培养孩子坚强的意志力。

晚饭过后，5岁的浩浩和妈妈在小区里散步，浩浩蹦蹦跳跳地跑在前面，路上有一个小坑，浩浩没注意，一只脚踩下去，结果跌坐在了地上。浩浩可怜兮兮地看着妈妈，希望妈妈抱他起来。不过妈妈并没有这么做，而是对儿子喊道："浩浩，你是个男子汉，要自己站起来！"浩浩看到妈妈不帮自己，马上大哭起来。

妈妈走过去，蹲下身子指着地上的一只小蚂蚁说："浩浩，你看这是什么？"浩浩顺着妈妈手指的方向朝地上看去，只见一只小蚂蚁正举着一块面包屑快速地爬行，浩浩放下揉眼睛的手，又仔细瞅了瞅，对妈妈说："是蚂蚁。"

妈妈说："对呀，就是蚂蚁，不过你看它多厉害，身上背着比它重那么多的东西，还要越过很多障碍物，但是这些困难它都不怕，你说它是不是很了不起？"

"嗯，是很了不起。"

"所以呀，浩浩也要向小蚂蚁学习呀，遇到困难的时候不低头，做一个坚强的孩子。"

听了妈妈的话，浩浩一骨碌从地上站了起来，拍拍身上的尘土，对妈妈说："妈妈，我是个坚强的孩子。"妈妈看着浩浩认真的样子，摸摸他的小脑袋说："嗯，我们的浩浩最坚强！"

"从哪里跌倒就从哪里爬起来"，这是我们常常用来勉励自己的一句话，可是到了孩子身上，我们却似乎忘掉了这句格言，当孩子遇到困难的时候，总是第一时间伸出援手。这样一来，孩子势必会失去独自面对困难的机会，也很难学会坚强。浩浩妈妈在这方面做得很好，当浩浩跌倒的时候并没有马上上前去扶，而是用一个小蚂蚁的例子让浩浩自己主动站了起来，十分巧妙，值得我们借鉴。

那么，在日常生活中，我们应该怎样练就孩子坚强的意志力呢？

### 1. 给孩子磨炼的机会和空间

培养孩子坚强的意志力不是说几句激励人心的话就可以的，我们应该给孩子磨炼的机会和空间，让孩子独自面对生活中的一些困难和挑战，以培养孩子坚强的品质。

比如在孩子学习走路的时候，尽量多给孩子一些自由探索的空间，如果孩子不小心摔倒了，不要忙着去扶，给他一个微笑或是一句鼓励的话，让孩子自己站起来；当孩子遇到作业上的难题时，不要急着去帮他解答，而是应该给孩子以鼓励，让他自己去多思考一下；多给孩子一些吃苦的机会，如让孩子从事简单的家务劳动；等等。

### 2. 告诉孩子再坚持一下的道理

成功和失败看似有着天壤之别，其实很多时候它们只是一步之遥，只要咬紧牙关再坚持一下就能到达胜利的彼岸，但是很多人却不明白这个道理，在最后的紧要关头因为一点小小的困难就前功尽弃，这是何等可惜。大人尚且如此，未成熟的孩子更容易如此，比如一些孩子在困难面前表现得信心满满，可是几次挫折之后便打起退堂鼓，想要退缩、放弃。这时，父母应该告诉孩子再坚持一下的道理，让孩子在坚持中锻炼坚强的意志力。

# 提高孩子的心理承受能力

每个人在一生中都会碰到很多困难，唯有拥有强大的心理承受能力才能拨开云雾，重新见到灿烂的阳光。

心理承受能力是指一个人从挫折中恢复愉快心情的能力。心理承受能力强的人通常会以乐观的心态去跨越生活中的障碍，而心理承受能力弱的人则多半成为困难的俘虏，在挫折、困难面前抬不起头来。

月月是家里唯一的宝贝，因此，自打月月出生开始，全家人的重心就转移到了他身上。到现在，月月已经上小学二年级了，父母从没有责备过他，爷爷奶奶、外公外婆更是把他当成手心里的宝，没让他受过一点委屈，月月成了家里的"小霸王"。

一天，因为一点小矛盾月月和同学打架了，老师批评了他，月月一气之下竟然从学校跑回了家，对爸爸妈妈说自己不想去上学了，他不能接受老师的批评，感到十分委屈。爸爸妈妈耐心劝导月月，给他做思想功课，但是月月拗得很，纵然爸爸妈妈费尽了口舌，他就是不愿意再踏进学校一步。爸爸妈妈不明白，为什么月月的心理承受能力这么差，仅仅因为老师的几句批评就不去上学了。

现在的孩子生活条件好了，但是心理却变脆弱了，即使是一点小小的挫折也不能承受。比如我们有时会看到关于孩子这样的新闻：因为父母的一次责骂，一气之下离家出走；因为考试中的一次失利而抑郁自杀；因为一次小小的过失终日郁郁寡欢，患上忧郁症……试问孩子的心理承受能力如此之弱，将来该如何应对生活中的风雨，立足于社会呢？因此我们有必要提高孩子的心理承受能力，增强孩子的心理素质。

当然，良好的心理承受能力并不是与生俱来的，它需要通过后天的培养，那么该如何提高孩子的心理承受能力呢？

### 1. 给孩子独立成长的机会

现在很多父母总是包办孩子的一切，认为这便是给孩子最好的爱，却不知道孩子也因此失去了独立成长的机会，而当他们真正独自面对学习、生活中的一些困难或是压力的时候，便会不知所措，在困难面前一蹶不振。

因此，我们应该学会放开双手，让孩子独立去做一些事情，经历一些困难，在这个过程中，孩子会积极地想办法战胜困难，心理承受能力会不断得到锻炼，心理素质也会得到提高。

当然，我们说的放手不是放任孩子不管，当孩子需要帮助的时候，我们还是要静下心来和孩子多沟通，鼓励孩子，给孩子以自信的力量，必要的时候伸出援助之手，以此不断提高孩子的耐挫折能力，让孩子在困难面前具备足够的心理承受能力。

### 2．教孩子从困难中看到希望

任何事情都有利有弊。有的人在困难面前只能看到消极的一面，任由压力把自己压垮；而有的人则能在困难中看到希望，乐观积极地应对困难，并最终走出困难的泥潭。要提高孩子的心理承受能力，就要让孩子学会在困难中看到希望，看到不远处的成功。

比如当孩子因为一次考试失利而心灰意冷的时候，告诉孩子一次考试并不代表什么，而且在考试中暴露出自己的问题是一件好事，因为只有发现错误，不断改进，才能取得进步。

### 3．让孩子学会平衡自己的心态

一次考试中，沫沫考得很差，受到了老师的批评。妈妈对沫沫说："沫沫，这次考不好没关系，老师批评你是希望你能记住这次教训，以后更加努力，所以你要好好努力，争取下次考好。你的成绩不是最差的，而且你在其他方面都很优秀啊，比如你会弹琴，会唱歌，会跳舞，妈妈觉得你是最棒的，你说呢？"沫沫听了妈妈的话，擦了擦眼泪，恢复了自信。

当孩子经历挫折的时候，要让孩子看到自己身上的闪光点，平衡自己的心态，而不是揪着自己的缺点不放。并且要教孩子学会分析眼前的问题，让孩子给自己鼓励加油，从而提高孩子的自信心和心理承受能力。

### 4. 给孩子一些"心理操练"

为了提升自己的体质，运动员都要经过一些特殊的训练。同样的道理，为了提高心理承受能力，也应该让孩子的心理进行一些锻炼，即给孩子一些"心理操练"。比如：当孩子取得好成绩的时候，给孩子出点难题；平时为孩子创造一些困难；让孩子去做一些有难度的事情；等等。

## 第 五 章

### 给孩子决定权，锻炼孩子的独立
### 自主意识

　　孩子在成长的过程中必定会碰到许多坎坷，而我
们不可能当孩子一辈子的保护伞，终有一天，孩子会
离开我们的怀抱去生活，如果我们总是一味地呵护着
孩子，不试着让他独立成长，等到他将来需要自己去
面对生活中的各种问题时就会不知所措。因此，我们
在日常生活中要放开双手，给孩子决定权，让孩子多
一些思考，多一些自己解决问题的机会，以锻炼孩子
的独立自主意识。

## 给孩子选择的权利，让孩子更有主见

> 在漫长的人生道路上，我们会遇到很多的十字路口，会遇到很多的选择，唯有选择正确，才可能走向成功。选择是一种能力，这种能力应该从小培养。

在处理孩子的事情时，一些父母觉得孩子还小，什么都不懂，又或是怕孩子经验少，走上弯路，于是会替孩子做选择，这样会导致孩子失去锻炼自主性的机会。当孩子遇到一些需要自己做选择的情况时，就会拿不定主意，表现得很没有主见。

川川从小乖巧听话，什么事都听爸爸妈妈的，其实这也难怪，家里就这么一个宝贝，爸爸妈妈舍不得川川吃一点苦，从小到大，无论什么事都替川川一手操办，因此川川守规矩、懂礼貌，成了别人父母眼中最听话的孩子。

但是最近发生的一件事让爸爸妈妈感到担忧，因为他们觉得川川似乎成了一个没有主见的孩子。暑假快到了，爸爸妈妈准备带川川去旅行，因为这次旅行的目的主要是让川川放松一下心情，游览一下祖国的大好河山，所以在商量旅游行程的时候，爸爸妈妈要川川自己选择去哪里玩。但是川川根本没有自己的想法，总是说"听你们的"，或是"你们决定就好了，我没意见"。爸爸有点生气，对川川说："川川，让你选择一个地方，有那么难吗？"川川有点委屈地回答说："以前不都是你们决定吗？我不知道怎么选，听你们的就好了。"爸爸一时哑口无言。

一些家长和川川的父母一样，总以为孩子还小，什么事都应该由大人来操办，所以本来孩子能自己选择的事，父母也"帮着"做了决定，却没有意识到，孩子也有自己的想法，也有自己选择的权利。如果父母总是过度包办孩子的一切，孩子的自主意识会被抑制，长大后就可能成为一个缺乏判断力、选择能力的人。

为此，在日常生活中，我们要多给孩子一些选择的机会。比如和孩子一起爬山的时候，问他"我们是继续往前走还是休息一会儿"；和孩子一起参加画展的时候，问他"你觉得这幅画怎么样"；带孩子去游乐场的时候，问他"你是选择玩旋转木马还是碰碰车"；等等。总之，父母要多给孩子选择的权利，让孩子逐渐养成独立思考的习惯，进而培养孩子的决策能力，使孩子成为一个有主见的人。

## 遇到问题，让孩子自己想办法解决

> 关心孩子是必需的，但若把他前进道路上的石块全部清除干净，把坑坑洼洼全部垫平，他可能暂时平平安安，但同时也失去了走坎坷道路的能力。
>
> ——孙蒲远

当孩子遇到问题的时候，我们总是习惯于扮演"消防员"的角色，帮孩子解决一切问题：与小伙伴闹矛盾了，我们去帮他调解；遇到不会做的题目了，我们帮他思考；做了错事，我们替他去扛。但是这样做真的是在保护孩子吗？

我们发现，在这样的保护下，孩子渐渐对我们形成了依赖，逐渐失去了独立解决问题的机会和能力。心理学家大卫·伍德曾说，在教育孩子的问题上，家长应当充当一个"脚手架"，即为孩子提供一个框架，然后让孩子自己去想办法解决问题。因此，遇到问题的时候，我们应该让孩子自己想办法解决，而不应该时刻充当他的"救世主"。

4岁的卓卓在楼下玩耍，忽然卓卓气喘吁吁地一边向楼上跑，一边喊着："爸爸，爸爸，你快来！"听到儿子的呼喊声，正在客厅里看书的爸爸赶忙放下书本往外走，看到儿子没事，才放下心来，不过爸爸还是埋怨道："什么事这么着急，爸爸还以为你怎么了。"

"爸爸，我的玩具车被索索拿走了！你赶快给索索家打个电话，帮我要回来啊！"卓卓上气不接下气地催促说。

"这样，儿子，爸爸先不打这个电话，你想想还有没有别的方法要回你的玩具车。"

"那我明天告诉我们老师。"卓卓想了想说。

"这是个办法，但不是最好的办法。索索拿走你的玩具车可能不是故意的，也许是他一时玩忘了，又或是他爸爸妈妈突然叫他吃饭，他来不及还你就先拿走了。你要是告诉老师，那索索该多没面子啊，而且让索索知道了，你们还会是好朋友吗？你再想想还有没有其他的办法，想好了自己去处理。"卓卓摸了摸脑袋，不情愿地点了点头，跟爸爸上楼去了。

过了两天，卓卓得意地对爸爸说："爸爸，索索把玩具车还给我了！"

"你看，我说索索不是故意的吧。"

"不对，爸爸，索索还跟我道了歉。"爸爸越发好奇了，问卓卓："哦？你是怎么办到的？"

　　"我给他讲了一个故事：一天，一只小鸭子和一只小兔子在一起玩耍，忽然鸭妈妈叫小鸭子回家吃饭，小鸭子匆忙中把小兔子的玩具带走了。第二天，小鸭子早早地起来，把玩具带到他们一起玩耍的地方，这时小兔子正在焦急地等着小鸭子呢，小鸭子把玩具还给了小兔子，小兔子高兴极了。"

　　听完卓卓的故事，爸爸赞赏道："儿子真棒，你看，这样既没破坏你们之间的关系，又把玩具要了回来。所以以后无论遇到什么事，都要先思考一下，多想想解决问题的方法，即使再难的事情也会有解决的办法的。"

　　"嗯。"儿子赞同地点了点头。

　　当卓卓要爸爸帮助自己要回玩具车的时候，爸爸并没有直接帮助卓卓，而是引导卓卓自己想办法解决问题。卓卓爸爸的做法值得我们借鉴，当孩子遇到问题的时候，不要急着帮他解决，而是适当做个"懒"父母，给孩子多尝试的机会，让他自己去处理事情。比如当孩子与同学、朋友发生矛盾的时候，不要随意插手，试着让他自己去处理。

　　当然，家长要适当给孩子一些指导和建议，以提高孩子解决问题的效率，让他少走弯路。比如当孩子遇到一道难题的时候，不要直接告诉他答案，而是应该教给他分析题目的思路，然后让他自己去寻找解题方法。恰到好处的鼓励也是十分有必要的，因为父母的鼓励会给孩子带来自信心和勇气，让孩子敢于直面困难，解决问题。

　　另外，父母要尽可能地在生活实践中提高孩子独自解决问题的能力，比如让孩子帮助自己做一些事情：让孩子帮父母去楼下超市买东西，从而学会对比商品价格和商品质量；电卡没钱了，让孩子去充值；无线网断了，让孩子打电话给专业人员寻求帮助；等等。

## 让孩子管理自己的"小金库"

> 从某些方面来讲，一个人的独立离不开经济上的独立，一个人如果不会管理钱财，就很难做到真正意义上的独立。

随着生活水平的提高，孩子口袋里的钱渐渐多了起来，除了平时的零花钱以外，逢年过节的时候，孩子的压岁钱也是一笔不小的数目。面对尚未成年的孩子，不少家长担心孩子会容易养成乱花钱的习惯，于是替孩子"保管"压岁钱。其实，我们越是小心谨慎，孩子越是难以形成正确的金钱观，越是不懂得如何去支配金钱，因为他们对金钱根本没什么概念。而让孩子管理自己的"小金库"，不仅可以帮助他们树立正确的金钱观，还可以锻炼他们的独立性。

贝贝从上幼儿园开始就有零花钱了，不过因为贝贝还小，对金钱没什么概念，所以爸爸妈妈只给她很少的零花钱。上小学后，妈妈给贝贝买了一个有密码锁的存钱罐，妈妈会把贝贝收到的压岁钱都放到存钱罐里，让她自己保管。当然存钱罐不是只进不出，贝贝的书本费、文具费、零花钱都由她自己负责。随着贝贝渐渐长大，她逐渐学会了支配管理自己的"小金库"，自己需要的东西才去买，很少乱花钱。一次，妈妈过生日的时候，贝贝还用自己的零花钱为妈妈买了一个大蛋糕，妈妈感到十分欣慰。

对于孩子们来说，掌握在他们手上的金钱基本上是零花钱和压岁钱。大多数孩子都不会管理钱财，很多父母怕孩子乱花钱，还会直接没收孩子的压岁钱，所幸贝贝妈妈并没有那么做，而是给贝贝自己管理钱财的机会，这样既培养了贝贝管理钱财的能力，又提高了孩子的独立自主意识，值得我们借鉴。

当然，父母也应该做孩子的"参谋"，帮助孩子管理他的"小金库"，那么具体该怎么做呢？

第一，让孩子学会管理自己的零花钱和压岁钱。对于零花钱，不是孩子要多少就给多少，而是应该规定每个月或是每个星期零花钱的数额。对于压岁钱，家长最好为孩子办一张卡，把大多数钱存到卡里，小部分钱拿出来让孩子自己管理。

第二，教孩子学会花钱。针对孩子乱花钱的现象，家长还要教孩子学会花钱，即理性消费。比如告诉孩子需要的东西才买，不需要的东西可以不买。例如，孩子看上了一双新上市的篮球鞋，但是孩子已经有一双类似的鞋，这时要告诉孩子："你已经有类似的篮球鞋了，现在不是很需要，而且现在鞋子新上市价格太贵，等到你真正需要的时候再买也不迟。"当然，家长还可以和孩子一起制订一个合理的消费计划，并监督孩子去执行。

# 让孩子自己的事情自己做

让孩子自己的事情自己做，不单能简单地锻炼孩子的生活技能，还是提升孩子综合素质的重要方式。

每个孩子都是父母掌心里的宝，有些父母生怕孩子受一点苦，受一点委屈，事事为孩子操办，久而久之，孩子丧失了独自生活的能力，以至于有些孩子上了高中、大学还不会自己洗衣服。而有些父母则从小让孩子学会自己的事情自己做，这样的孩子将来走上社会后普遍有很强的独立自主能力，不仅把自己的生活打理得井井有条，还能把他人照顾得很好。

津津刚上小学一年级，每天早上，妈妈都要叫津津起床，然后是穿衣服、洗漱、吃早餐。在津津吃早餐的时候，妈妈要整理津津的小书包，生怕他忘记带什么东西，之后妈妈会把塞得鼓鼓的书包背在肩上，送津津去上学。到了下午放学的时候，妈妈再去接他。日子一天天过去了，津津习惯了妈妈替自己打理一切，妈妈也觉得这是理所当然的事。

可是最近妈妈有些苦恼。有一次，妈妈忘记把津津的课本装到书包里了，津津埋怨妈妈："都怪您，没把我的书包整理好，害我被老师批评了。"还有一次妈妈起床晚了，忘记叫津津，结果津津因为迟到被老师责罚，他回来后对妈妈抱怨道："都怪您，没早点叫我起床，害我迟到了。"妈妈很惊讶，不知道为什么津津会推卸责任，因为这些事本来就是他自己应该做的。

然而，蓝蓝妈妈则和津津妈妈相反，每天早上，叫醒蓝蓝的并不是妈妈，而是蓝蓝心爱的小闹钟。吃早餐时，妈妈也不会帮蓝蓝整理书包，因为那是蓝蓝自己的事。吃完早餐，妈妈会送蓝蓝去上学，但是并不会帮他背书包。当然蓝蓝有时也会因为赖床不起而迟到、因为忘记拿课本而受到老师的批评，不过因为这是蓝蓝自己做错事的后果，所以他从来没有责怪过妈妈，而是自觉去改正。总之，对于蓝蓝生活上的事，妈妈很少操心，因为蓝蓝有很强的生活自理能力。

两位妈妈的教育方式不同，津津妈妈为津津打理一切，结果津津习惯了对妈妈的依赖，一旦遇到问题就把责任推到妈妈身上。而蓝蓝妈妈让蓝蓝自己的事情自己做，锻炼了蓝蓝的独立自主能力，因此，蓝蓝的事妈妈很少操心。作为父母的你，更倾向于哪一种做法呢？显然，我们更倾向于蓝蓝妈妈的做法，但是在日常生活中，很多父母仍然会像津津妈妈一样，包办孩子自己该做的事情，对孩子十分溺爱，不给孩子锻炼的机会。

比如，我们经常可以听到这样的话语："哎呀，瞧瞧你，左右都分不清就去穿鞋，还是妈妈帮你吧。""不用你帮忙，快去一边玩耍吧。""放下笤帚，我来，我来，就知道瞎起哄。"……当孩子想要自己做一些事情的时候，一些父母总是以各种理由制止孩子。试想一下，一个事事都在父母包办范围内的孩子怎么能成长为高情商的人才呢？

也许你觉得，这些不就是一些简单的小事吗，怎么和孩子的情商有联系？有研究报告表明：孩子能自主如厕，意味着孩子的认知能力以及语言能力的成熟；孩子能自主打扫卫生，做简单的家务，则意味着孩子的逻辑思维能力和自我管理能力的提升；孩子能够在进入幼儿园之前，学会自己吃饭、自己穿脱衣物、自主如厕等技能，在集体生活中就会充满自信。其中，不管是认知能力、自我管理能力还是自信心，都是孩子情商的重要组成部分。

另外，我们应该认识到，孩子将来是要走上社会一个人生活的，如果没有独立自主的能力，连自己的生活都不能打理好，很可能会成为一个懒惰、依赖性强且缺乏条理性的人。因此，我们要从小培养孩子自己的事情自己做的习惯，让孩子学会打理自己的生活，这也是一个高情商孩子必备的生活技能。

那么，具体来说应该怎么做呢？

## 儿童情商课

### 1. 放弃为孩子包办一切的错误想法

要想培养孩子的独立自主能力，首先父母要从思想上消除自己的错误认知，即爱孩子就要为孩子做一切事。要知道，适当地放手，也是一种爱，是更加理性的爱，更加有智慧的爱。

### 2. 让孩子自己的事情自己做

有了正确的思想指导之后，要马上付出行动，让孩子自己的事情自己做。家长可以让孩子从打扫、整理自己的房间做起。比如让孩子自己叠被子、铺床单、收拾整理衣服和书包等，这样不仅能锻炼孩子的动手能力，还能增强孩子的独立意识。

### 3. 给孩子多一点耐心和指导

孩子掌握任何一项生活技能都需要一个过程，并且每个孩子的学习能力不尽相同，有时候，在大人看起来是一件简单的事，孩子却要花很大力气去做，甚至怎么做也做不好，这时如果家长对孩子加以斥责，孩子就会产生一种挫败感，从而失去做事的积极性和自信心。因此，面对"笨手笨脚"的孩子，父母应该多一点耐心和指导，先思考一下，这件事是否对于这个年龄段的孩子来说太难了，或是自己示范得不清楚，需要再来示范一遍。总之，只要父母有耐心，给孩子学习的时间，并多一点鼓励，孩子自然会朝着你期望的方向发展，一步步走向独立。

## 鼓励孩子说出自己的想法

在让孩子大声说出自己想法的过程中，他们的个性得以张扬，心灵得到了放飞，思想得到了解放，自主意识得到了加强。只要给孩子大声说话的机会，就会还他们以自尊与自信。

——洛克

敢于大胆地表达自己的想法是一种自信的表现，也是一种能力的展现，家长应该鼓励孩子说出内心的想法，从而提高孩子的独立自主意识。

薇薇坐在沙发上晃动着自己的小脚丫，对正在拖地的妈妈说："妈妈，我要变成一条会飞的毯子！"妈妈忙着拖地，没抬头。薇薇用小脚丫踩着自己的拖鞋，又说："妈妈，我要变成一条飞毯，带您和爸爸到月亮上去。"妈妈停下手里的活儿对薇薇说："那里刚拖完，你不要乱踩，赶紧回沙发上去！"薇薇吐了吐舌头，把脚缩回去，换了一个姿势坐好，继续说："妈妈，我们一起坐着毯子去玩耍吧。"妈妈有点不耐烦了，生气地对薇薇说："哎呀，烦不烦呀，妈妈还忙着呢，等会儿再说。"薇薇噘着小嘴，有点不高兴。

第二天早上吃早餐的时候，薇薇对妈妈说："妈妈，我昨天晚上做了一个有趣的梦，梦见……"妈妈赶紧打断她："吃饭也堵不住你的嘴，你看看都几点了，快点吃饭！"晚上，妈妈让薇薇写作业，薇薇又想起昨天的梦，对妈妈说："妈妈，我先给您讲一讲我昨天做的梦吧。"妈妈不耐烦地说："一个梦有什么好讲的，赶紧写作业，明天还要早起呢！"薇薇接二连三地受到委屈，一下子伤心地大哭起来，妈妈不知道薇薇怎么回事，还批评薇薇是个爱哭鬼。

自此以后，薇薇什么事也不跟妈妈说了，变得沉默寡言，而且也不愿意和同学们交流，甚至变得有点自卑。

当孩子迫切地想要对父母表达自己的想法时，孩子渴望的是父母的鼓励和倾听，而这时如果父母没有做到，甚至不让孩子把话说完，很可能会伤害孩子幼小的心灵，让他产生抵触情绪，造成亲子沟通障碍。

那么，我们该怎么鼓励孩子说出他们内心深处的想法呢？下面几点建议供大家参考。

### 1. 给孩子话语权，做一个倾听者

一些家长在与孩子沟通的时候总是习惯扮演演讲者的角色，喜欢

把自己的意见强加给孩子，并让孩子听从，孩子失去了表达自己想法的机会，长此以往，就会变得盲从，没有主见。因此，父母应该给孩子话语权，要学会做一个倾听者，善于倾听孩子内心的想法。

### 2. 对孩子想说的话表示感兴趣

在与孩子交流的时候，对于孩子所说的话，如果父母能表现得很感兴趣，孩子就会对父母产生一种亲近感，而这种亲近感足以引导孩子大胆地表达出自己的想法。比如在和孩子说话时，靠近孩子，认真地看着孩子的眼睛，并时不时地点头，表示"你说的我都明白了"，这样孩子就会觉得自己的话被父母接受了，进而会增强说话的自信心。

### 3. 鼓励孩子提出不同的意见

面对大人的权威，有些孩子即使有不同的想法也不敢表达，家长应该给孩子创造一个宽松的成长空间，鼓励孩子大胆提出与众不同的想法和意见，比如：定期召开家庭会议，让孩子充分表达自己的意见；遇到事情的时候，多找孩子商量商量，问问孩子的想法；和孩子看电影，让孩子说说对电影的看法；等等。

# 培养孩子强大的适应能力

良好的适应能力不仅是身体健康的一种标志，更是情商高的一个特征。

美国儿童心理学家格里尼博士曾指出，每一位父母都应该认识到，大人不可能一直为孩子提供完美的生活环境，因此，让孩子学会迅速适应环境才是最重要的。确实，孩子终有长大的那一天，父母不可能随时随地陪在孩子身边，强大的适应能力是孩子必备的生存技能之一。

5岁的丹丹性格有点内向，很不喜欢出门，即使到了亲戚家，也不主动和人家打招呼，而是木木地躲在妈妈身后；妈妈让她去和同龄的小朋友玩，怕生的丹丹总是很扭捏；有时妈妈带着丹丹去参加同学聚会，丹丹也表现得很拘束。

妈妈觉得这样下去不行，于是经常带丹丹去公园、游乐园、博物馆等人多的地方，并鼓励丹丹多交朋友。慢慢地，丹丹变得开朗了很多，到了陌生环境也能很快适应。

等到上小学的时候，丹丹更是表现出了强大的适应能力。面对完全陌生的环境，丹丹很快交到了新朋友，并与他们打成了一片。

一般来说，一些孩子到了陌生的环境会不知所措，表现得十分害羞、胆小，而有些孩子则拥有强大的适应能力，能很快融入新的环境。强大的适应能力是孩子走向独立的关键，也是孩子将来适应复杂多变的社会的一种必备技能。因此，我们应该从小培养孩子强大的适应能力。具体来说我们该怎样培养出一个适应能力强的孩子呢？以下几点建议仅供大家参考。

### 1. 多带孩子接触新环境

孩子从出生开始，会不断接触新的环境，幼儿园、小学、初中……为了应对这些不断变化的环境，孩子需要强大的环境适应能力。父母要经常带孩子接触各种各样的新环境，让他们去不断发现新鲜有趣的事物，逐渐增强孩子的环境适应能力。

比如，父母可以经常带孩子去公园、游乐园，或是去亲戚、朋友家串门，让孩子接触更多的人，并鼓励孩子自己去探索新鲜事物，从而提高他们适应环境的能力。如果孩子到一个陌生的环境感到不适应，父母可以给他们一个拥抱或是微笑，让他们的内心充满安全感，这样孩子就会很快适应当下的环境。

## 2. 提高孩子的学习适应力

适应能力不仅仅包括环境适应力，还包括学习适应力，即学习过程中的适应能力。而且通常来说，培养学习适应力的过程是一种更大的挑战，需要孩子自己去克服困难。但是我们常常会不自觉地把孩子从困境中解救出来，剥夺了孩子学习适应力的锻炼机会。

比如，每当孩子想要自己穿衣服的时候，一些妈妈们就会马上制止孩子："你看你，穿得这么慢，还是妈妈帮你吧。"每当孩子想要自己吃饭的时候，一些妈妈们会说："把饭菜撒得哪里都是，还是妈妈来喂你吧。"这样做的结果无外乎是把孩子养成了衣来伸手、饭来张口的"小王子"或是"小公主"。

因此，我们应该减少对孩子的"解救"，放手让孩子去探索、去实践，并且给予孩子肯定，让孩子认为自己是有能力的，以此提高孩子的学习适应力。

## 3. 增强孩子的心理适应能力

一些孩子碰到自己熟悉的人会与之打成一片，而如果碰到自己不熟悉的人则闭口不言，甚至表现得十分胆怯，其实这是孩子心理适应能力不强的表现。父母可以多给孩子创造一些社交机会，通过与人交往来克服这一心理问题。

## 第六章

### 教孩子与人相处，提高孩子的社交商

社交商是情商的重要组成部分，是一个人一生中非常重要的能力，很多时候它的重要性甚至超过了专业能力，决定着一个人的成败。良好的社交能力应该从小培养。在日常生活中，家长应该教孩子一些与人相处的技巧，如与人分享、尊重他人、热情待人、换位思考、善于倾听等，以此提高孩子的社交能力。

## 分享——孩子必备的社交技能

"独乐乐不如众乐乐"，懂得分享的人不但能交到更多的朋友，而且会从中获得快乐。

分享就像是一座天平，给予他人多少，就会得到多少回报。如果一个孩子是自私的人，那么他永远不会得到真正的快乐，也很难交到真正的知心朋友。如果一个孩子懂得与他人分享，他会更容易赢得友谊，受到大家的欢迎。

一个阳光明媚的下午，妈妈带着娜娜在公园里玩，她们玩累了就坐在一座小亭子里的椅子上休息。妈妈打开装零食的书包，拿出一袋饼干和一小瓶矿泉水递给娜娜。这时一个小男孩一边哭喊着"妈妈，妈妈"，一边跑过来。

哭泣的小男孩引起了她们的注意，妈妈对娜娜说："娜娜，这个小弟弟可能找不到妈妈了，我们帮他一下，把他送到公园管理处好吗？"娜娜点了点头，跟小弟弟打招呼："小弟弟，你过来，我们帮你找妈妈。"

小男孩走了过来，眼带泪花地看着娜娜手里的饼干不说话，娜娜似乎觉察到了小男孩的想法，把手里的饼干捂得紧紧的。妈妈朝娜娜努努嘴，示意娜娜分给小男孩一点饼干，娜娜却不肯："妈妈，这是我最喜欢的小熊饼干呀，我不要分给他。"妈妈对娜娜说："如果你找不到妈妈了，又累又饿，想不想吃一块美味的饼干呢？"娜娜歪着头想了想，然后拿出一块饼干，对小男孩说："给，我们一起吃吧。"

小男孩不哭了，接过饼干，然后从兜里掏出一块水果糖递给娜娜，娜娜很开心，愉快地接过水果糖，并对小男孩说："走，我们去找妈妈吧。"

孩子的年龄虽然小，但是他们有着善良的心灵和单纯的想法，这时正是培养孩子分享意识的好时机。父母要注重对孩子分享意识的培养，让分享意识在孩子的心底生根发芽，逐渐成为一种影响他今后人生的力量。

那么，该如何让孩子学会分享呢？下面几点建议可供大家参考。

## 1. 给孩子创造与人分享的机会

要孩子学习分享，首先要给孩子创造与人分享的机会。现在的孩子都被父母捧在手心里长大，很容易以自我为中心，认为什么东西都是他一个人的，长此以往，孩子就可能形成自私的性格。为此，家长应该多带孩子出去，让孩子有机会和同龄小朋友一起玩儿，或是带孩子到其他小朋友家里串门，请孩子的小伙伴到自己家里来做客，让孩子把自己的玩具拿出来和小客人分享。

### 2. 及时表扬孩子的分享行为

表扬与赞赏是孩子分享行为的助推剂，当孩子因为自己的分享行为而受到大人的夸奖时，他会格外高兴，并产生一种继续保持这一行为的强大动力。所以，父母如果发现孩子的分享行为，要及时给予表扬。

比如，孩子回家后对家长说："妈妈，今天上课的时候，关关的橡皮找不到了，我就把我的借给她了。"这时家长应该表扬孩子："是吗？莉莉真棒，知道和别人分享自己的东西了，妈妈应该向你学习呢。"

### 3. 鼓励孩子的交换行为

两三岁孩子的交换行为也是分享意识的重要表现之一，父母要正视，并鼓励孩子的这一行为，孩子经常会拿自己的物品和小朋友交换，例如拿一辆小汽车换一本图画书等，这是孩子获得友谊的一种方式，父母应该给予鼓励。

## 尊重他人，才能赢得他人的尊重

尊重他人是一种美好的品德，是一个人良好修养的外在体现。一个人唯有懂得尊重他人，才能赢得他人的尊重。

每个人都渴望被尊重，孩子也一样，如果孩子想要收获友情，赢得他人的尊重，首先要学会尊重他人。因为只有尊重他人，才能正视他人的意见，才能倾听他人的想法，才能够理解他人，进而赢得他人的理解和尊重。

妈妈接团团放学，一路上，团团很兴奋，因为最近班上来了一位新同学——铭铭。团团说："铭铭和大家都不一样，他长着满脸的小痘痘，说着一口家乡话，大家都听不懂……"

妈妈正听得津津有味，突然团团说："可是，今天铭铭哭了，因为大家都取笑他的方言，还给他起了绰号，叫'小老乡'……"

妈妈停下脚步，蹲下身子，看着团团的眼睛说："团团，你当时是怎么做的？你制止他们了吗？"

"我……我也跟着大家一起……妈妈，我怕制止他们，他们就不跟我玩了。"团团小声地回答。

"那你觉得你们这样做对吗？"妈妈拉起团团的小手问。

"不对，可是铭铭说的话我们确实听不懂，而且他脸上还有小痘痘，我们都没有。"

妈妈把团团揽在怀里，对团团说："如果大家给你起一个绰号，并捉弄你，你会是什么感受？"

"我会很难过啊。"团团不假思索地说。

"所以铭铭一定也很难受吧。而且铭铭从乡下来，习惯说家乡话了。记得上次妈妈带你去乡下旅游吗？你说话的时候，别人也没有笑话你吧？"

"嗯，我还记得一个小哥哥教我他们的方言呢。"团团有点小兴奋地说。

"每个人都有自己的家乡，而且不同的家乡就有不同的方言，所以我们应该尊重他。"

"妈妈，我知道了，虽然我们说的话不一样，但是我们也能成为好朋友，不该互相笑话，是吧？"

妈妈欣慰地点了点头，问团团："那么你会怎么尊重他呢？"

"我明天会对铭铭说，他的小痘痘很可爱，而且如果他想学这里的方言，我可以教他。"团团拍着胸脯说。

妈妈看着团团扬起的笑脸，点了点头。

对于小孩子来说，学会尊重他人真不是一件容易的事，因为他们给人取外号或是捉弄他人通常是出于好奇、逗趣等心理，而这也是孩子天性的一种表现。但是无论如何，这种做法仍然是不尊重他人的表现，会给他人带来伤害。

那么，我们该如何让孩子学会尊重他人，帮助孩子建立良好的人际关系呢？下面几点建议供大家参考。

### 1. 教孩子认识到人人都有缺点

"金无足赤，人无完人"，每个人都有自己的缺点，父母应该教孩子正视别人的缺点，这是尊重他人的前提，在孩子与人交往的过程中，告诉孩子，没有必要事事都斤斤计较，更不能拿别人的缺点来说笑。

### 2. 纠正孩子不尊重他人的言行

如果父母发现孩子有不尊重他人的言行时，要及时帮其纠正。比如，有的孩子在课上不尊重老师，不是趴在桌子上睡觉就是和同学交头接耳；看到一些同学穿得不那么漂亮就说人家"寒酸"；哪个同学长得胖一点就管人家叫"猪八戒"；等等。这些言行都是对他人的不尊重，父母一旦发现这种情况，就要及时纠正孩子。

### 3. 教孩子尊重别人的物品

尊重他人也要尊重他人的物品。比如有些孩子借了同学的东西，却不好好保管，有的孩子喜欢别人的某件物品，便去硬抢，或是偷偷拿过来，如果抢不过来就去破坏，这些行为都是不尊重他人的表现。为此我们应该教会孩子尊重他人的物品，告诉孩子当某些东西自己没有时，可以向朋友借，但是必须经过别人的允许，并且要爱惜借过来的东西，在使用后要及时归还，并表示感谢。当然，也可以教孩子用自己的东西去换别人的东西，这样可以在互换互借的过程中培养孩子良好的人际关系。

## 教孩子用热情收获友情

> 人的生活离不开友谊，但要得到真正的友谊才是不容易；友谊总需要忠诚去播种，用热情去灌溉，用原则去培养，用谅解去护理。
>
> ——马克思

与人交往时，如果对方表现得很热情，无形中就会让我们有一种亲切感；而如果对方始终是一副冷冰冰的样子，则会给我们一种拒人于千里之外的感觉。同样，孩子间的交往也是如此，如果一个孩子热情洋溢、活泼开朗，通常会有不错的人际关系；而如果孩子缺少热情、沉默寡言，则会显得冷漠，孩子的友谊之树则会很容易枯萎。

由于父母工作的原因，小伟不得不转学，面对完全陌生的学校环境、陌生的同学，小伟有点孤独，也有点失落。不过小伟一直是个开朗、热情的孩子，因此他决定在新的环境里重新获得友谊。

每天上学的路上，碰到同班同学，小伟都会热情地和对方打招呼；课间的时候，他会拿出自己的跳棋和同学一起玩；如果碰到有同学忘记带铅笔、橡皮，他会拿出自己的借给同学……就这样，小伟的热情很快感染了同学们，大家都愿意和小伟一起学习，一起玩耍，小伟终于成功融入了班集体的大家庭中，而且他还交到了几个知心朋友。

美国思想家爱默生曾说："要想得到别人的友谊，自己就得先向别人表示友好。"但是在现实生活中，我们的一些孩子却缺乏热情，比如：在公交车上，面无表情地坐在座位上，丝毫不在意旁边颤颤巍巍站着的老人；在学校里，不愿意和同学主动搭话，也不愿帮助有困难的同学；在家里，当父母生病时，只顾着自己玩，却不懂得关心父母……

在本应该热情似火的年龄，孩子却变得如此冷漠，这样的孩子怎么会拥有良好的人际关系，拥有深厚的友谊呢？因此，我们要采取以下方法让孩子变得热情起来。

## 1. 营造和谐的家庭氛围

良好的家庭氛围能培养出热情大方的孩子。有的家庭给了孩子太多溺爱，让孩子变得以自我为中心，从而造成了孩子的冷漠性格。而有的家庭则是缺少爱，父母之间总是冷漠相对，在这样的环境中成长的孩子自然很难学会去主动关爱他人。因此，给孩子创造一个和谐的家庭氛围十分重要。

## 2. 让孩子学会主动打招呼

一个孩子是否热情开朗，从打招呼这一行为就可以看出端倪。如果是热情的孩子，即使没有父母在场，也会主动打招呼问好，这些孩子在同龄人中间更容易获得友谊；而那些在他人面前沉默寡言的孩子通常缺乏热情，与同龄人相比，会比较孤独。

因此，父母一定要培养孩子主动打招呼的习惯，多给孩子一些鼓励，多带孩子外出，让孩子适应陌生的环境，相信一段时间过后，孩子就会热情大方地主动和他人打招呼了。

## 3. 及时表扬孩子的热情行为

当父母发现孩子在日常生活中的热情行为时，要及时肯定和表扬，以此来强化孩子的热情行为。比如，当孩子看到小伙伴的玩具掉到了地上，帮着捡起来时，当孩子主动帮助同学解答问题时，当孩子积极地帮父母做家务时，家长都要及时表扬孩子。

# 让孩子学会换位思考，拥有一颗同理心

给孩子一颗同理心，让孩子会换位思考，孩子的人际关系会更加融洽。

我们经常听到的一个词是"同情心"，却不大懂得"同理心"的含义。那么究竟什么是同理心呢？这里我们举一个简单的例子。假如一个人不小心掉进了山洞，有同情心的人会说："这个人真可怜。"而有"同理心"的人则会说："山洞里一定很冷，他一定不好受。"显然同情心是表达自己同情的一种心理，而同理心则是设身处地理解他人感受的能力。

一个缺乏同理心的孩子通常表现得以自我为中心，不能或不善于考虑他人的感受，比如：妈妈做了一桌子菜，孩子却把盘子揽到自己面前，自顾自地大吃起来，丝毫不考虑妈妈做菜的辛苦；爸爸工作很忙，孩子却不能体谅爸爸，非要缠着爸爸带他去游乐园；看到一个小朋友摔倒了，把脸弄得很脏，孩子非但不关心，反而哈哈大笑起来；等等。缺乏同理心的孩子情商较低，因为他缺少了"共情"这一能力，即站在对方的角度感受对方的想法与体验的能力。

那么，该怎样让孩子获得这种能力，提高孩子的情商，让孩子的人际关系更加和谐呢？下面我们看看这位妈妈是怎样做的。

杉杉回来后整个人气鼓鼓的，妈妈放下手中的家务去询问缘由。

"怎么啦，谁惹你了？"

"大山，他竟然在课堂上说我。"

"怎么回事，你慢慢说。"

"今天是大山当值日班干，负责管理班级纪律，自习课上我说了几句话，他就点名说了我，亏我还是他的好朋友，一点也不给我面子，我还跟他吵了几句。"杉杉越说越生气。

"杉杉，大山负责管理班级纪律，你与同学说话，是你不对，你怎么能怨人家呢？你要学会换位思考嘛，等你当值日班干的时候你就明白了。"

杉杉不吭声，因为他并不赞同妈妈说的话。过了几天，杉杉主动找到妈妈，不好意思地说："妈妈，您说得对，今天轮到我管理纪律了，我特别讨厌那些在课上叽叽喳喳的同学，更讨厌那些扰乱课堂秩序的人，所以现在我理解大山的心情了，也知道他说我是对的。"

妈妈笑着点了点头，对杉杉说："幸亏你们是轮流当值日班干，你才能站在他的角度去看待这件事。如果你没有这样的机会呢？岂不是要一直埋怨你的同学了？所以在与同学交往的时候一定要善于换位思考，多站在对方的角度想问题，这样即使你们有什么矛盾，也会很容易解决的。"杉杉听了，认真地点了点头。

当杉杉与好朋友产生矛盾的时候，妈妈让杉杉试着换位思考，不过杉杉并不认为妈妈的说法是对的，直到几天之后，杉杉自己当值日班干的时候才理解了妈妈的话。

换位思考是一种理解至上的处理人际关系的思考方式，它可以帮助孩子摆脱以自我为中心的坏习惯，让孩子拥有一颗同理心，学会站在他人的角度去思考问题，学会理解他人、宽容他人，为孩子良好人际关系的建立打下基础。尤其是当孩子与同学、朋友发生矛盾的时候，换位思考可以帮助孩子建立一个沟通渠道，从而帮助孩子消除矛盾，增进友谊。

在日常生活中，父母要积极引导孩子进行换位思考，比如，孩子因为别人犯了错而一直责怪对方，这时可以这样引导孩子："每个人都有犯错的时候，如果是你犯了错，也希望得到别人的原谅吧？如果别人也这样对你，你会是什么感受呢？"再比如，当孩子无法理解他人的时候，让孩子问问自己："如果我是他，我会怎样？"然后让孩子找到内心的答案。

总之，父母要善于教育孩子换位思考，让孩子站在对方的角度来体会和思考问题，让孩子切身感受对方的处境，从而将孩子逐渐培养成一个懂得为他人着想的人。

# 合作才能共赢，教孩子与他人合作

> 不管一个人的力量大小，他要是跟大家合作，总比一个人单干发挥的作用更大。
>
> ——塞缪尔·巴特勒

　　一个懂得合作的人能赢得更广阔的发展机会，而一个不善于合作的人却很难在社会上生存，因为在社会中，没有人是孤立的存在，与人相处就必须要学会合作。即便是在孩童时期，也需要合作：一起玩游戏，一起打扫卫生，一起完成学习任务。假如一个孩子不具备与他人合作的能力，那么在生活中，孩子将会遇到很多麻烦和挫折。

　　乐乐是家里的独生子，深得家人的宠爱，时间长了，多少有点以自我为中心，爸爸妈妈觉得这不是什么大问题，因此也没怎么在意，觉得孩子大一点，进了幼儿园就懂事了。可乐乐都上了幼儿园半年了，还没什么朋友，让妈妈十分担心，在找到老师了解情况后，妈妈才认识到问题有些严重。

乐乐虽然挺活泼，做什么事都挺积极，但是有一个很大的毛病——不懂得与他人合作。比如班级里有一些活动需要大家一起合力完成，乐乐总是表现得特别不好，常常在活动的过程中埋怨别人做得不好，或是自己做自己的事，也不管他人。有一次，他们小组和另一个小组进行搭积木比赛，其中同组的一个小朋友拿错了一块积木，乐乐不高兴了，觉得人家笨手笨脚，便和人家吵了起来，结果输掉了比赛。为此，大家都不愿和乐乐分到一个组，乐乐自然也就没什么朋友，因此乐乐渐渐变得有些孤僻。

乐乐不懂得与他人合作，因此大家都不愿意和他玩耍，从而导致乐乐变得孤僻起来。心理学家阿德勒曾说："假使一个儿童未曾学会合作之道，他必然走向孤僻之道，并产生牢固的自卑情绪。"可见，学会合作也是孩子健康成长的需要。那么，我们该怎样教会孩子与他人合作，从而让孩子拥有良好的人际关系，健康地成长呢？

## 1. 培养孩子与人合作的意识

让孩子学会与他人合作，首先要培养孩子与人合作的意识，即让孩子明白为什么要与他人合作，与他人合作有什么好处，以此来激发孩子与人合作的愿望。

比如，爸爸妈妈可以利用空闲时间带孩子去菜场、商场、工厂等地方，让孩子知道许多工作并不是一个人能够完成的，而是需要大家的合作；和孩子一起做一些需要合作才能完成的事情，如搬一件比较重的物品，让孩子体验与他人合作的过程；让孩子参加一些集体活动，比如打篮球、踢足球、跳皮筋；等等。这样便能逐渐培养孩子的合作意识。

### 2. 教孩子与他人合作的技巧

当孩子有了合作的想法后，还要教给孩子一些合作的技巧。比如，教孩子在开始合作前通过拉拉小伙伴的手、点头微笑、拍肩膀等动作向对方发出合作信号；教孩子与同伴合作时要有礼貌，要学会为别人着想，要懂得谦让，友好相处；教孩子一些合作的方法，学会与他人讨论、商量，学会分工合作等。

### 3. 让孩子感受合作的快乐

如果能让孩子在合作的过程中感受到快乐，孩子的内心深处便会产生与人合作的愿望，就会乐于与他人合作。

合作本身会产生快乐，比如和孩子一起做家务，家长可以带着孩子一起洗碗、擦桌子、收拾屋子。当孩子看到之前还有点脏乱的屋子变得干净整洁时，便会感到十分快乐。

## 教孩子学会拒绝，别让不好意思害了孩子

> 真正的友谊不是什么都说"好"，家长要教孩子学会拒绝他人的不合理要求，别让不好意思害了孩子。

拒绝别人确实是一件很难的事，但是在孩子的人际交往中，拒绝他人却是每个孩子都应该学会的技巧。如果一个孩子不懂得拒绝，强迫自己去做不喜欢做的事，那么他的心理就会很容易受到伤害，也会危及他的人际关系。

期末小测验中，柯柯取得了不错的成绩，但是妈妈发现柯柯并不怎么高兴，细问之下，才发现原来事情是这样的。

柯柯成绩一向比较好，但是好朋友俊俊却是个调皮蛋，不怎么爱学习。一次考试的时候，俊俊正好坐在柯柯后面，在考试之前，俊俊要柯柯在考试的时候给他传小抄，因为俊俊是自己的好朋友，柯柯

觉得没什么，于是就答应了。但是柯柯发现，自从有了自己这个"靠山"之后，俊俊更不爱学习了，每次考试时都要柯柯给他传小抄。柯柯想拒绝他，但是一直不知道怎么开口。这次考试的时候，柯柯终于鼓起勇气，拒绝了俊俊的要求，没想到俊俊十分生气，说以后再也不和柯柯做朋友了。

听完柯柯的苦恼后，妈妈对他说："其实在第一次俊俊要你帮他的时候你就应该拒绝他，告诉他这样做是不对的，现在他已经把你对他的'帮助'当成了一种习惯，认为你给他传答案是理所当然的，所以当你拒绝他的时候，他就会十分生气。所以在和同学、朋友相处的过程中，如果对方提出一些不合理的请求，一定要学会拒绝。"

"那不会影响我们之间的友谊吗？"柯柯问。

"只要你真的为他着想，说得在理，然后用一些技巧，不仅不会影响你们的友情，反而会让你们的友谊更长久。"

接着，妈妈向柯柯传授了一些拒绝他人的技巧，柯柯若有所思地点了点头。

随着孩子年龄的增长，他们开始建立自己的人际关系，当面对朋友的请求时，他们可能因为碍于朋友的面子，或是害怕影响自己与朋友之间的友谊，总是无原则地说"好"，不懂得拒绝他人的请求。他们以为这样就能维持友谊，但是他们不知道，一味地说"好"并不是真正的友谊，也并不能维持友谊，反而适当给予他人拒绝才能获得真正的友谊。拒绝他人不是简单地说"不"，拒绝需要勇气，也需要一定的技巧。

### 1. 让孩子学会委婉拒绝

拒绝他人是一门艺术，父母要告诉孩子在拒绝他人时语气要委婉，态度要坦诚，不可态度生硬，言语刻薄。让孩子学会以委婉的方式拒绝他人，避免矛盾冲突，维系孩子与他人之间的友谊。

### 2. 教孩子为拒绝找正当的理由

除了拒绝的方式要委婉之外，拒绝时如果有一个正当的理由，不仅不会伤了对方的面子，还会为拒绝增加效力，让他人更好地接受自己的拒绝。

比如，别人向孩子借心爱的画笔，如果孩子不愿借，可以教孩子这样说，"一会儿上课我还要用呢"或者"我用完后再借给你吧"。而且这样的正当理由有很多，比如"妈妈不让我这么做""老师说这样做是不对的""我不想违反规定"等。

### 3. 教孩子学会使用肢体语言

有时候直接开口会伤了对方的面子，这时使用肢体语言则可以避免尴尬。而且肢体语言简单明了，很适合孩子交流时使用。比如孩子不同意对方的请求，轻轻摇摇头示意一下对方，对方便能明白其中的意思。又或者是摆摆手、皱皱眉头，以表示不同意。

## 第七章

## 教孩子应对冲突，提高孩子
## 化解冲突的能力

与人相处避免不了会产生冲突，如何应对冲突考验着一个人的情商。情商高的人能理性处理，灵活应变，化干戈为玉帛；而一个只会用拳头解决问题，鲁莽、冲动的人则毫无情商可言。对于孩子来说亦是如此，在孩子的成长过程中，与人发生矛盾、冲突是常有的事，我们应该教孩子一些应对冲突的方法和技巧，提高孩子化解冲突的能力。

## 教孩子学会理性思考，拒绝意气用事

一个孩子只有学会了理性思考，才会在人生的某些问题上做出明智的选择，才能成就充满智慧的人生。

我们都希望自己的孩子是一个理性睿智的人，但是在日常生活中，我们常常会看到一些孩子在与人起冲突时意气用事，做出一些冲动的言行。

强强跟爸爸很像，是个急脾气，而且冲动易怒，有时会在学校和同学发生口角，甚至大打出手，爸爸妈妈为此没少操心。

周二的下午，妈妈突然接到了强强班主任打来的电话，让她赶紧去学校一趟，妈妈知道这"熊孩子"准是又在学校犯事儿了。果不其然，当妈妈赶到学校的时候，看到挂彩的强强和一个小男孩正在被老师教育。原来在课间的时候，强强有一道题不会做，问了那个小男孩，小男孩随口说了一句"这么简单的题都不会做，真笨"，也许小男孩只是一句无心的玩笑话，但是强强却忍受不了，于是跟小男孩发生了口角，一拳头打在了小男孩的鼻梁上……

妈妈很生气，事后质问强强："为什么要打人家？"

"因为他说我笨！"强强一脸不服气地说。

"他这样说你纵然不对，但是你打人就是对的吗？"

强强低着头不说话。

"孩子，用拳头是解决不了问题的，你这样做不但破坏了你们之间的同学关系，而且问题也没得到解决，因为你最后仍然没有学会那道题的解题方法，你觉得呢？"

强强不情愿地点了点头。

妈妈继续说："所以无论遇到什么事，首先要冷静下来，学会理性思考，这样才能找到问题的最佳解决办法。"

"妈妈，我知道了，以后我会注意的。"强强若有所思地点了点头。


相信不少家长也有类似的烦恼，孩子总是缺乏理智、意气用事，为此招来不少麻烦。不过只要我们耐心教导，像强强妈妈那样，相信孩子会渐渐学会理性思考问题，成为一个化解冲突的高手。当然，在这个过程中需要一些方法，帮助孩子学会理性思考，不再意气用事。


### 1. 父母要做好榜样

父母的榜样力量是无穷的，如果父母在面对冲突的时候能够理性一点，孩子自然会从中学习理性思考。因此父母不论遇到什么情况，都要尽量让自己的情绪稳定，保持理智的心态，切莫让冲动冲昏了头脑。

### 2. 让孩子认识到意气用事的后果

"小不忍则乱大谋"，意气用事有时会造成严重的后果。比如有些孩子因为一时冲动打架，不仅使得自己受到身心上的伤害，还可能因为事情严重被学校开除，进入少管所，从而耽误自己的前途。父母应该利用现实生活中的实例或是新闻报道来让孩子认识到意气用事的严重性，提高孩子的情商。

### 3. 教孩子正确看待"哥们义气"

随着孩子渐渐长大，他们开始有了自己的人际关系网，有了自己的好哥们儿，并且认为所谓朋友就是要讲义气，当朋友有难时，就必须两肋插刀。比如，一些孩子看到自己的朋友受到欺负时，就会帮朋友出头，并且把这一行为看成是讲义气的表现。我们应该让孩子认识到，真正的友谊是讲原则的，是明辨是非的，而那些不问是非缘由而冲动行事的做法，并不是在捍卫真正的友情。

总之，在日常生活中，我们要经常向孩子灌输理性思考的观念，让孩子在冲突面前学会冷静思考。

# 告诉孩子要谦让，但也要坚持自己的原则

> 谦让是一种美德，但是谦让并不意味着丢失自己的原则。我们应该告诉孩子在面对冲突时要谦让，但也要坚持自己的原则。

谦让是孩子和他人相处的一种技巧，懂得谦让的孩子能和同伴和谐相处，也能交到更多朋友。但是谦让不是毫无原则的忍让，面对冲突时，要让谦让先行，但不要处处相让，更不要对错误的行为谦让，而是要教孩子学会据理力争，以坚决的态度捍卫自己的正当权益。

晚饭过后，爸爸妈妈带着嘉嘉下楼纳凉，大人坐在长椅上聊天，嘉嘉一个人在秋千上玩耍。这时邻居家的童童走了过来，嚷嚷着要荡秋千，嘉嘉当然不乐意，死死地攥着秋千的绳子不下来。童童没能如愿以偿，哇哇大哭起来。哭声惊动了嘉嘉妈妈，她走过来了解了事情

的原委后对嘉嘉说："嘉嘉，你比小妹妹大，要懂得谦让，先让小妹妹玩吧。"嘉嘉很不高兴，低着头，不说话也不动。妈妈又劝了几次，嘉嘉才不情愿地从秋千上下来，表现出很委屈的样子。

等到妈妈回到长椅上的时候，爸爸说话了："你不应该劝嘉嘉让秋千给童童，因为是嘉嘉先玩的，如果童童想要玩，应该遵守先来后到的规则，或是和嘉嘉商量一下。"妈妈有点生气了："我教育儿子谦让也错了吗？"

"教孩子懂得谦让是没有错，但是谦让也要建立在遵守规则的基础上啊。"

"小孩子哪懂什么规则，再说了，童童比他小，又是女孩子，而且还哭了，不谦让的话也说不过去。"

"但是你想过没有，这样不分青红皂白的谦让只能让嘉嘉产生混乱，让他误以为，只要自己哭闹就会换来别人的谦让，所以当遇到和童童类似的情况时，他就会以哭闹的方式来要挟对方。另外，这样无原则的谦让也不利于嘉嘉明辨是非能力的培养，会让嘉嘉觉得不被尊重，感到委屈。"

听完嘉嘉爸爸的一席话，妈妈若有所思地点了点头……

如果你是嘉嘉的爸爸妈妈，你会怎么做呢？是赞同爸爸的说法还是妈妈的做法呢？其实教孩子谦让固然重要，但是教孩子有原则地谦让更重要。高情商的孩子不仅要懂得谦让这一基本礼貌，还要在谦让的同时懂得坚持自己的原则。

　　不过现在很多家长却不懂得这一点，只是让孩子一味地谦让，甚至是明明知道不应该要自己的孩子谦让，但是又碍于自己的面子，不得不让孩子谦让。这样确实会给孩子的成长带来一些困扰，就像嘉嘉爸爸说的那样，无原则的谦让不利于孩子秩序感、规则意识的形成，也不利于孩子明辨是非能力的培养。

　　而且家长用成人威严的压力来强迫孩子去谦让，会让孩子感觉到委屈和不公，如果孩子自身的意愿经常被压制，可能就会变得不敢表达自己的想法和感受，给幼小的心灵蒙上一层阴影，长大后，孩子的行为方式也可能相对退缩，不敢维护自己的正当权益，这对于孩子的情商发展来说是极其有害的。

　　因此，当孩子面对冲突的时候，我们既要教孩子学会谦让，也应告诉孩子要坚守自己的原则。

## 教孩子通过协商解决问题

　　在处理矛盾与冲突的时候，协商是一种解决问题的好办法，我们应该教会孩子这种技巧，让孩子多一份化解冲突的能力。

　　现在的一些孩子从小娇生惯养，在处理同伴关系时，不懂得谦让，更不懂得通过协商去解决一些小小的摩擦。

　　黎黎和可可在树荫下的一块沙地上玩耍，黎黎在搭积木，他的目标是要搭一座城堡，不过他的城堡太过庞大。可可的玩具小汽车冲到了黎黎的城堡里，"呼啦"一声，黎黎的城堡瞬间倒塌了。

　　"你干吗撞我的城堡？"黎黎生气地指责可可。

　　"是你的城堡挡着我的道了。"可可也非常愤怒。

　　黎黎趁可可不注意，一把抢过可可的小汽车，放在了身后，可可伸手过去往回抢，并大声喊："还给我，还给我！"

"不给，就不给！"

……

当孩子之间发生矛盾、冲突的时候，大多数家长想到的办法是分开他们，这样他们就不会再争吵了，比如上例中可以没收可可的小汽车，或是让黎黎到别的地方去搭城堡。这样虽然能制止他们争吵，但是也许过一会儿，他们还会因为别的东西、别的事情再次争吵起来，可见这样的方法根本不能解决问题。孩子之间的问题还是应该让孩子来解决，当然我们应该教孩子一些解决问题的技巧，比如教孩子通过协商的方式处理问题，这样能锻炼他们解决矛盾与冲突的能力，提高他们的情商。

比如，我们可以提醒孩子："乱发脾气是不能解决问题的，你应该先冷静下来，想一想有没有什么方法可以既不争吵又能解决问题。"这样，让孩子去试着和对方协商。与此同时，我们还要教给孩子一些协商的规则，比如扔硬币猜正反面，输的一方要遵守规定；或者简单地立个规矩，上次是谁谦让了，这次别人要让着他。

另外，孩子与伙伴发生冲突、矛盾的时候，大都会来跟家长告状，这时家长要尽可能把问题问得具体些，如"发生冲突之前，你们在做什么"，孩子就会回答："我们在玩足球，我不小心踢了他一下，他就骂我，结果就打了起来。"一旦了解了事情的缘由，家长就可以帮助孩子认识冲突、矛盾产生的原因，进而引导孩子自主思考，这样就可以让孩子通过思考找到解决问题的方法。

　　需要注意的是，当孩子在和小伙伴协商解决问题的时候，父母需要做的是仔细倾听孩子的意见，而不要去打断他的话，更不要批评他的观点，多给孩子一些自由，让他独立去解决问题。

# 灵活应变——解决矛盾的必备技巧

> 面对冲突与矛盾，硬碰硬只会两败俱伤，而灵活应变则可将大事化小，小事化了。在孩子的一生中必定会遇到很多冲突，教孩子一些灵活应变的技巧可促进孩子的情商发展。

应变能力是指一个人在面对各种变化或是一些新情况时，能够灵活应对的一种能力，也是孩子成长过程中必备的能力之一。如果孩子学会了灵活应变的技巧，在遇到矛盾、冲突或是一些紧急情况时就不至于方寸大乱、失去理智，而且还能在最短的时间内采取最有效的措施，保护自己的利益不受或少受损失。那么，该怎么教孩子在冲突面前学会灵活应变呢？下面几点建议供大家参考。

## 1. 让孩子保持镇定自若的态度

冷静是灵活应变的前提，如果一个人不能在冲突面前保持冷静的头脑，任何智慧都会失去作用。在与人发生冲突、矛盾的时候，很可能会出现一些始料未及的情况，家长要告诉孩子，当遇到没有料到的情况时，首先要做的是迅速冷静下来，不要让他人的激动情绪影响自己，要保持镇静自若的态度，保持一颗理智的心，这样才能在最短的时间内想出最好的应对方法。比如，家长可以教孩子在冲突面前在心里默念"我要冷静"，这种积极的心理暗示能帮孩子迅速整理思绪，从而想出应对方法。

### 2. 培养孩子的机智意识

如果孩子没有机智应变的意识，当遇到危险或是冲突的时候，往往不能在短时间内采取有效措施，任凭冲突加剧，矛盾升级，或是只会一心等着他人来帮忙，自己不会想办法去解决。比如一些孩子在学校和同学发生冲突的时候，不知道怎么办，不说话也不反驳，傻傻地站在那里等着老师来解决。为此，家长应该多给孩子灌输一些机智的意识，比如多给孩子讲一些名人机智应变的故事，或是告诉孩子在哪些情况具体应该怎么做，不要总是依赖他人。

### 3. 培养孩子的应变能力

家长应该在日常生活中培养孩子的应变能力，比如可以让孩子参加一些富有挑战性的活动，而在这一过程中，孩子必定会遇到很多困难，在解决问题的过程中可以逐渐增强应变能力。

除此之外，父母还可以通过假设情境的方式来激发孩子的应变能力，比如创设一个情境，让孩子去解决问题："假如一个同学在你前面走，他的鞋子突然被人踩掉了，恰巧你距离他比较近，所以他坚持说鞋子是你踩掉的，这时你会怎么办？"在孩子给出自己的答案后，和孩子一起讨论这样的方法是否是解决问题的最佳方法，同时告诉孩子自己的看法："为了避免冲突，你温和地告诉他，自己没感觉到踩住他的脚，不过可能因为距离太近，不小心踩上了也有可能。所以先跟对方说一声'对不起'是很有必要的。"

另外需要注意的是，培养孩子的灵活应变能力是为了提高孩子化解冲突的能力，而不是为了把孩子培养成一个小滑头，或让孩子谎话连篇。因此，在教孩子一些灵活应变的技巧时一定要注意这一点。

## 化敌为友——处理冲突的另类方式

> 在孩子小小的世界里，不免会有一两个"死对头"，
> 教孩子化敌为友，不仅能帮助孩子解决冲突，还能为孩子
> 赢得更多、更珍贵的友谊。

多个朋友多条路，与人为敌不如化敌为友，诸多实践经验告诉我们，化敌为友是一种充满智慧的生存方式。同样，对于成长过程中的孩子来说，化敌为友也是一种重要的与人相处的方式，尤其是在面对冲突的时候，它能帮助孩子做出更好的抉择。

甘甘放学后，妈妈去学校接他，甘甘上车后对妈妈说："妈妈，我按照您说的做了。"妈妈感到莫名其妙，一边启动汽车一边问甘甘："你按我说的做什么了？"

"化敌为友啊。"甘甘认真地回答。

"什么化敌为友？"妈妈一头雾水。

"就是前几天您跟我说的啊，现在我和伦伦做朋友了。"甘甘美滋滋地说。

妈妈这才想起来，前一段时间，甘甘告诉妈妈，他有一个同学叫伦伦，伦伦很调皮，经常欺负女孩子，甘甘每次都化身为超级英雄，和伦伦进行一番"搏斗"，因此两人总是起冲突。妈妈最初的建议是让甘甘去找老师解决问题，但是情况依然没有好转，两个人似乎结下了梁子，彼此看谁都不顺眼，妈妈继续给出了新的建议——化敌为友，并且解释说："很多有智慧的人都能把敌人变成自己的朋友，如果你能把敌人变成自己的朋友，那你就是一个有智慧的人。"妈妈想到这里，朝甘甘竖起一个大拇指，甘甘开心极了。

在孩子小的时候，他还不善于处理人际关系，与同学、朋友发生一些冲突在所难免，而当孩子感到自己受委屈时，常常会把对方当作是自己的"敌人"。其实他和所谓的"敌人"之间只是存在一些小的误会或是缺乏了解，家长应该教会孩子化敌为友的技巧，不断提高孩子化解冲突的能力，提高孩子的情商。那么怎样让孩子学会化敌为友的技巧呢？

首先，让孩子学会宽容。有一颗宽容的心是化敌为友的基础，因为当孩子懂得宽容他人后，就能重新看待他人的行为。

其次，让孩子心平气和地与他人沟通。无论是发生怎样的误会，又或是产生怎样的矛盾，沟通是解决问题最为有效的方式之一。因此，当孩子与他人发生冲突的时候，要让孩子冷静下来，心平气和地和对方沟通。

最后，鼓励孩子主动面对问题。因为很多时候，孩子之间的一些矛盾、冲突的起因都是一些误会造成的，这样的问题很好解决，只要鼓励孩子多交流，让孩子主动去面对问题，和小伙伴一起欢笑、一起玩耍，不断增进彼此的了解，误会自然会解开。

# 告诉孩子，宽容他人等于善待自己

　　宽容不仅是一种雅量、文明、胸怀，更是一种人生的境界。宽容了别人就等于宽容了自己，宽容的同时，也创造了人生的美丽。

　　　　　　　　　　　　　　　　　　　　——爱默生

　　一个懂得宽容的孩子能善待他人的短处，从而和他人和谐相处；一个懂得宽容的孩子能包容他人的过失，从而避免冲突的发生；一个懂得宽容的孩子往往心地善良，惹人喜爱，更容易获得真诚的友谊。

　　宁宁回到家的时候一副怒气冲冲的样子，爸爸急忙问道："宁宁，谁惹你了？"

　　"王利，就是上周末来咱们家的那个。"说着，宁宁还把自己的胳膊伸出来给爸爸看，"看，都被他打肿了！"

爸爸轻轻拽过宁宁的胳膊看了看，并没有多大事，只是胳膊有点红，看样子是拧的。"跟爸爸说说怎么回事。"

"他骂我没长眼睛，我也骂他，然后就打起来了……"

"他为什么骂你呢？"

"课间的时候，我不小心把他的文具盒碰到地上了，铅笔、橡皮都掉到了地上……"

"那你跟他说对不起了吗？"

"没有……"

爸爸知道是怎么回事了，继续问宁宁："你们之前不是好朋友吗？那你还愿意和他做朋友吗？"

"对啊，以前我们经常一起踢足球，他还教我打篮球，可是现在我讨厌他了，以后也不跟他玩了。"说完，宁宁的气已经消了大半，而且爸爸明显看到宁宁有些沮丧。

"这样，你明天的时候主动向他道歉，我想你们还是好朋友。"

"老爸，你有没有搞错，是他打了我，怎么我还得向他道歉啊。"宁宁有点不服气。

"宁宁，与人交往要多一点宽容，再说，你确实欠人家一个道歉呢，你明天试试，你也不想因为一点小冲突而失去这份友谊吧？"

宁宁没有回答，考虑了几秒钟，然后点了点头。第二天，宁宁一进家门便兴高采烈地对爸爸说，他跟王利道了歉，王利也说了对不起，两个人又和好如初了。

当宁宁与同学发生矛盾的时候，爸爸积极引导宁宁分析冲突产生的缘由，并让宁宁用宽容的态度去处理冲突，最终宁宁又重获了友谊。当孩子与他人发生冲突，受了委屈的时候，很多家长都按捺不住自己的性子，想要找对方去理论一番，其实孩子之间的矛盾就应该让孩子自己去解决，告诉孩子宽容他人等于善待自己，让孩子对他人多一分宽容，多一分理解，这样不仅能顺利解决与他人的冲突、矛盾，还能让孩子拥有一颗宽容之心。

那么，究竟怎样才能让孩子学会宽容呢？具体来说，父母可以参考以下两点建议。

### 1. 教孩子学会"心理换位"

心理换位，即站在他人的立场考虑问题。孩子之所以不懂得宽容，很大程度上是因为不懂得站在他人的角度看待问题，不懂得考虑他人的心理感受。因此，教孩子学会宽容，就要让孩子有一颗同理心，让孩子学会体谅别人的感受。

### 2. 树立榜样，做宽容的父母

如果父母都不懂得宽以待人，孩子就很难成为一个有气度、胸怀宽广的人。比如有的父母爱斤斤计较，说话做事不能吃一点亏，总爱和别人争吵。如果这些行为被孩子看到，孩子自然而然地就会去学。而如果父母宽容大度，与邻里相处融洽，孩子就会变得宽容、乐善。因此，父母一定要为孩子树立一个宽以待人的好榜样。

## 提高孩子明辨是非的能力

> 很多冲突行为大多是不能明辨是非导致的。因此，在教孩子学会处理冲突之前，必须帮孩子树立一个正确的是非观。

一个明辨是非的孩子往往能在与人发生冲突的时候迅速判断自己行为的对错，从而更好地处理冲突、化解冲突。而如果没有正确的是非观，则容易与人发生争执，且陷入"知错不改"的恶性循环。

聪聪家的院子里有一个小沙堆，这些沙子是聪聪家盖房子留下来的，聪聪总爱跑到沙堆上玩耍，因此在房子建好以后，爸爸把余下来的沙子修整了一番，把它变成了聪聪的乐园。

周末的时候，邻居家的豆豆过来和聪聪玩耍，两人蹲在沙堆旁，一会儿搭座城堡，一会儿建所房子，玩得很开心。可是不知为什么，聪聪玩起了扬沙子的游戏，他抓起了一把沙子，恰巧这时一阵风吹来，沙子随风飞进了豆豆的眼睛里，豆豆不开心了，推了一下聪聪，聪聪也不示弱，抓起一把沙子扬到了豆豆身上，豆豆立即大哭起来。

屋子里的聪聪妈妈赶紧寻着哭声跑了出来，豆豆把聪聪妈妈当成了救星，一边哭一边告状："阿姨，聪聪把沙子弄到我眼睛里了……"妈妈为豆豆吹了吹眼睛，等到豆豆说没事了，妈妈转过身准备质问聪聪，没想到聪聪却急着辩解说："不是我弄的，是沙子自己飞到他眼睛里的。"妈妈知道聪聪在撒谎，有点生气地说："聪聪，沙子没有长翅膀，而且为什么没有飞到你的眼睛里呢？"聪聪红着脸答不上来。妈妈语重心长地说："与小伙伴们玩耍，有了冲突要学会去化解冲突。如果是自己做错事，要请求对方原谅；如果别人做错了事，要学会谅解对方。而你这样一味地为自己辩解，以后谁还会跟你玩呀？"听完妈妈的话，聪聪低着头，走到豆豆身边，对豆豆轻轻地说："豆豆，对不起……"豆豆也很礼貌地说"没关系"，就这样两个小家伙又开心地一起玩了起来。

孩子之间吵嘴甚至打架在所难免，父母应该做好调解工作，引导孩子处理冲突。如果是自己的孩子做错了，一定要让孩子认识到自己的错误，并向对方道歉；而如果是对方做错了，也要试着说服孩子学会包容、谅解。这样就能提高孩子明辨是非的能力，而且能让孩子的心胸变得更加开阔。

除此之外，家长还可以采用以下方法来提高孩子明辨是非的能力。

## 1. 帮助孩子树立正确的道德观念

孩子出生的时候就像是一张白纸，等待着父母去描绘，因此我们要从小用正确的思想观念来教育孩子。当孩子树立了正确的道德观念后，就会知道什么是对、什么是错，而且会站在道德的角度去考虑问题，衡量是非对错。遇到冲突的时候，他就能做出明确的是非判断，从而采取正确的措施。

为此我们可以利用大量有教育意义的材料，比如童话故事、寓言、生活实例等给孩子输入正确的道德观念。

## 2. 从生活点滴中教孩子明辨是非

生活即教育，家长应该善于抓住生活中的点滴，对孩子进行是非教育，帮孩子明辨是非。比如，当孩子用小刀把自己的课桌划了时，应及时提醒孩子"课桌是公物，要爱护"；当孩子与他人发生冲突，甚至打架时，要告诉孩子"打架是一种不理智不文明的行为，聪明人都是以理服人的"；当孩子闯红灯时，应及时制止孩子，告诉他要遵守交通规则；等等。久而久之，孩子就会逐渐明白什么事情是对的，应该去做，什么事情是错的，不能去做，孩子的是非观念也就会逐渐形成。

## 第 八 章

### 塑造孩子好性格，彰显孩子的
### 情商魅力

有一句话说得好，"多一分好性格就少一分坏情绪"。拥有乐观积极的性格，自然不容易陷入消极悲伤的泥潭；拥有底气十足的自信，就不会在困难、挑战面前唯唯诺诺；拥有坚决果断的性格，在需要决断的时候就不会犹豫不决，以致错失机会……虽然人的性格天生占一半，但是后天的教育中，我们仍然可以塑造孩子的好性格，彰显孩子的情商魅力。

## 培养孩子乐观积极的心态

保持乐观积极的心态，生活中自然会充满欢乐和阳光。

面对半杯水，乐观的人看到的是满足与希望，悲观的人看到的则是担忧与失望。乐观的心态总能让人看到事情积极的一面，所以乐观的人通常有较高的情商，能正确应对生活中的各种困难和挑战。孩子乐观积极的心态要从小培养，来看看下面这位母亲是怎么做的。

冬冬从学校回来后一副闷闷不乐的样子，路过客厅的时候，没有和妈妈打招呼，径直回到了自己的房间，并把房门关上了。妈妈感觉不对劲，不过并没有马上去询问缘由，而是在吃饭的时候，打开了话题。

"冬冬，是不是有什么心事，还是妈妈做的菜不合胃口？"妈妈温和地问道。

"没有啦，只是今天选班长的时候，大多数同学都选了张铭，只有几个同学选了我……"冬冬十分沮丧地说。

"大多数同学选张铭当班长，说明他身上的优点比你多，只要你这个学期好好表现，向他学习，说不定等到下个学期，大家就会选你了。"妈妈试着开导冬冬。

"可是我现在就想当班长嘛，下个学期是下个学期的事。"冬冬仍旧不开心。

"你认真想想，即使现在当了班长，因为你在同学中间没多少威信，大家也可能会不服你。如果你利用这段时间好好努力，在各个方面都提高自己，等到下个学期，不要说是当班长，就算是当三好学生也很有可能呀，你说是不？"

"嗯，好像是。"听完妈妈的话，冬冬脸上露出了笑容，开心地吃起饭来。


当冬冬因为竞选班长落败而情绪低落时，妈妈主动和冬冬沟通，引导他以乐观的心态看待这件事，并且给他以鼓励，冬冬很快恢复了情绪，开心地吃起饭来。

乐观是一种性格倾向，乐观的孩子通常能看到事情比较有利的一面，即使是遇到困难，也会鼓励自己克服困难，不断前行，因此他们的生活中总是充满了快乐与阳光。此外，美国著名心理学家马丁·塞利格曼认为，乐观不仅仅是一种迷人的性格特征，它还是一种心理免疫力，能够帮助人们抵御生活中的任何困难。乐观积极的心态能帮助

# 儿童情商课

孩子对生活中的诸多困难产生免疫力，增强孩子克服困难的自信心，强大孩子的内心，从而彰显个人的情商魅力。

那么，我们该怎样帮助孩子形成乐观积极的心态呢？具体来说，父母可以从以下几个方面入手。

## 1. 成为乐观积极的父母

父母的言传身教对孩子性格的形成有着重要的影响，父母有一个乐观积极的心态，孩子在耳濡目染中也会变得乐观积极。因此，培养孩子乐观积极的心态，首先要成为乐观积极的父母。

日常生活中，父母应该为孩子树立一个好的榜样，无论遇到什么事，都要尽量保持乐观积极的心态。比如，当看到外面下雨了，不应该随口就说："这个破天气，什么事都不能做。"这样会传递给孩子消极、悲观的情绪，让孩子潜意识中认为下雨是一件令人烦恼的事。相反，父母应该说："下雨真好，天气终于凉快了。"或是这样说："太好了，这下麦田里的禾苗又能喝到水了。"这样，传递给孩子的就是一种乐观的暗示：下雨未必是一件坏事，还可能是一件好事。

## 2. 引导孩子正确看待批评和挫折

在孩子的成长过程中自然免不了批评，也少不了挫折，父母应该引导孩子以正确的态度去面对。比如，当孩子受到老师批评的时候告诉孩子："每个人都会犯错，受到批评是一件好事，只有认识到错误，然后改正，才能不断进步。"下雨天，孩子忘记了带伞，抱怨天气，说自己倒霉，这时父母就应该提醒他："你知道要下雨却忘记了带伞，这不是天气的错，也不是自己倒霉，而是因为你不够细心。"

### 3. 教孩子学会用微笑面对生活

有这样一个简短的小故事：在一家百货商店里，一位穷苦的妇人带着一个小男孩逛商店，当他们经过一家摄影店的时候，小男孩向妈妈恳求道："妈妈，我想照一张相。"妇人轻轻弯下腰，对孩子说："你的衣服太旧了，等下次吧。"听到妈妈的话，小男孩并没有沮丧，而是向妈妈扬起一个笑脸说："可是，妈妈，我仍然会微笑的。"

古希腊大哲学家苏格拉底曾说："除了阳光、空气、水分和微笑，我们还需要什么呢？"可见在这位大哲学家的眼中，微笑和阳光、空气、水分一样重要。微笑是乐观的表现，一个脸上始终洋溢着微笑的孩子是快乐的、乐观的，当然他也会用微笑去面对成长过程中的挫折和挑战。因此我们要教孩子学会用微笑面对生活，把微笑当作一种习惯。

## 帮孩子撑起自信的风帆

培养自信心是情商教育的第一要素，自信心是从事任何学习和工作的基础，是情商教育首先进行的内容。

自信心是对自我价值的肯定，也是一种重要的社会心理品质，对孩子的身心健康与自身成长起着重要的促进作用，因此，为了孩子更好地成长，家长要加强对孩子自信心的培养。

晚上，妈妈在洗衣服，梅梅在自己的小床上看故事书，等到妈妈进卧室的时候，梅梅突然噘起嘴巴对妈妈说："妈妈，为什么我讲的故事没有您讲的好听呢？"妈妈微笑着摸了摸梅梅的小脑袋说："等到你长大了，当了妈妈，也能讲出动听的故事。"

梅梅摇着脑袋，说她等不及长大了，说着说着，还抹起了眼泪。妈妈赶紧坐到床边，温柔地说："梅梅，跟妈妈说说怎么了。"梅梅一边小声地啜泣，一边告诉妈妈事情的缘由：白天上课的时候老师让大家看图讲故事，轮到梅梅讲故事时，前面的小朋友已经讲了几个故事，梅梅又不想和他们讲得一样，就自己编了一个磕磕绊绊的故事，大家没有鼓掌，梅梅因此受到了打击……

　　看到情绪低落的梅梅，妈妈知道此时任何的说教都没有意义，最重要的是帮助梅梅拾起自信。于是，妈妈拿出一本图画书，躺在梅梅身边，对她说："梅梅，我们来看图讲故事吧。"看着妈妈鼓励的眼神，情绪低落的梅梅拿起了图画书，书中有一页插图上有两只可爱的小鸟，妈妈讲起了故事："一个美好的早晨，两只小鸟落在了一户人家的窗前，它们叽叽喳喳地说：'梅梅，梅梅，快起床啦，快起床啦。'原来，它们是在叫梅梅起床啊……"

　　梅梅听完故事，情绪不再那么低落了，而且也来了兴致，自己找到一幅图开始讲起故事来……等到梅梅讲出一个有趣的故事时，妈妈趁机说："宝贝，现在有信心了吧？要记住，想讲什么故事就讲什么故事，不要怕和别人重复，你要相信自己，即使是同样的故事，你也能讲得更好呢。"梅梅认真地点了点头，开心地笑了。


　　当梅梅因为没有得到大家的掌声而情绪低落的时候，妈妈通过耐心引导，最终帮梅梅找回了自信。自信是孩子情商的基石，一个高情商的孩子通常是自信的、乐观的，但是在现实生活中，我们的孩子却总是表现得不那么自信。比如，一些孩子在家里人面前表现得很活泼，但是一到陌生的环境就成了"哑巴"；有的孩子没有自信和他人交往，因此变得孤独；还有些孩子做事没有自信，遇到一点小小的困难就打退堂鼓；等等。

那么家长该怎样帮助孩子撑起自信的风帆，充分发掘孩子的潜力呢？请看以下两点建议。

### 1. 用鼓励帮孩子树立自信

在孩子需要鼓励的时候，即使是一个拥抱的动作，一句肯定的话语，一个鼓励的眼神，都能让孩子产生自信。因此，在日常生活中，父母要多给孩子鼓励，用鼓励帮助孩子树立自信。比如经常对孩子说"你能行""你是最棒的""妈妈相信你"等鼓励性的话语，或是当孩子情绪低落的时候给他一个微笑、一个拥抱等。时间长了，孩子的自尊心就会得到满足，从而树立起自信心。

### 2. 在实践中培养孩子的自信

孩子的自信心是在实践中培养起来的，因此家长应该为孩子创造一些自我锻炼的机会，鼓励孩子尝试一些新鲜的事。比如三四岁的孩子喜欢玩水，家长可以让孩子自己洗小手绢，给玩具娃娃洗澡等，让孩子看到自己的动手能力，为孩子自信心的建立打下基础。

父母也可以让孩子做一些力所能及的事情，让孩子在做事的过程中获得小小的成就感，从而培养他们的自信心。

# 幽默性格，让孩子的情商多彩起来

幽默性格的孩子随和爱笑，比较活泼、聪明，能很快融入陌生的环境，也能与他人友好相处，人际关系也比不具幽默感的孩子好很多。我们要培养孩子的幽默性格，让孩子的情商多彩起来。

孩子的幽默感并非与生俱来，而是需要家长精心的培养，来看看下面这位妈妈是如何培养孩子的幽默性格的。

多多小的时候，妈妈就开始培养他的幽默性格了，比如，要多多收拾玩具，妈妈通常不会说"多多，快把你的玩具收好，要不下次不给你买了"，而是会指着玩具说："多多啊，你看大家都累得不成样子了，快让他们回家休息吧。"多多会很听话地把玩具收好。

如果多多因为一件小事而哭闹，妈妈会一边轻抚他，一边说："大家快来看哪，这里有一只小花猫在哭鼻子呢。"多多常常被妈妈逗得破涕为笑。多多喜欢看漫画，妈妈会经常给他买一些幽默漫画；多多喜欢听故事，妈妈就会讲一些幽默小故事给他听。

就这样，在幽默语言的不断刺激下，多多变得幽默起来，无论走到哪里，都会成为大家的开心果。由于多多性格开朗，说话风趣，很受其他小朋友的欢迎。

幽默感是情商的重要组成部分，具有幽默感的孩子通常会很乐观，他们不仅能为自己带来欢乐，还能让周围的人感到轻松愉悦，因此，有幽默感的孩子更容易获得友谊。除此之外，幽默还能帮助孩子淡化消极情绪，帮助孩子更好地应对生活和学习中的压力和痛苦。

有关研究表明，幽默感大约有三成是天生的，其余七成则是后天逐渐形成的，因此家长要善于开发孩子的幽默潜能，培养孩子的幽默性格，让孩子的情商多彩起来。那么，该怎样培养孩子的幽默性格呢？下面我们给出几点建议。

## 1. 做性格幽默的父母

父母是孩子的第一任老师，父母性格幽默，孩子也会在潜移默化中具有一定的幽默感。因此，要培养孩子的幽默性格，父母首先要有幽默感，懂得欣赏幽默。

父母在平时要多使用一些幽默语言，例如当孩子学步摔倒，或是因为一些事情而情绪低落的时候，可以对孩子说："来看看，我们的宝贝是不是哭成一个小丑了。"这样运用诙谐的语言，就会让孩子破涕为笑，并且逐渐学会使用幽默的语言技巧。

### 2. 多给孩子讲、看幽默的小故事

孩子通常会对轻松、幽默的小故事感兴趣，父母平时可以多给孩子讲一些幽默的故事，或是让孩子自己去看、自己去读。当然，家长还可以引导孩子自己编一些幽默小故事，或是给电影或电视剧编一个令人捧腹的结局，从而培养孩子的幽默感。另外，孩子大多对动画片情有独钟，因此，家长可以为孩子选择一些滑稽、幽默的动画片，比如《猫和老鼠》《大头儿子小头爸爸》等。

### 3. 陪孩子玩模仿性的游戏

特殊年龄段的孩子，如两三岁的孩子，正处于模仿敏感期，这时他们喜欢模仿大人的一举一动，也喜欢模仿一些小动物。比如他们会戴上大人的帽子，穿上大人的鞋子来模仿大人走路，这便是孩子幽默感的表现。这时家长应该给孩子以支持，鼓励孩子的模仿行为，同时陪孩子一块玩一些模仿性的游戏，例如和孩子一起比赛，看谁模仿的小动物最像。

不过需要注意的是，孩子这时还没有明确是非观念，分不清哪些模仿行为是幽默感的表现，哪些行为是错误的。比如孩子看到一个挂着拐杖、气喘吁吁的老人，也会模仿。很明显这一行为是不礼貌的。因此，当家长看到孩子的不礼貌模仿行为时，要及时提醒孩子。

## 耐心引导，急性子的孩子也能慢下来

性格急躁的人就像是上了发条的闹钟，即使是一件小事也能让他们情绪失控。

一个性格急躁的孩子是不善于管控自己的情绪的，当他们遇到不顺心的事情时，通常会乱发脾气，或是做出一些冲动的举动。因此，性格急躁的孩子普遍情商较低。

圆圆的爸爸是个急脾气，性格有些急躁，在处理一些事情的时候可能会简单粗暴些。圆圆完美地继承了爸爸的急脾气，这一点让妈妈十分烦恼。圆圆现在上小学二年级，因为平时喜欢和同学打闹，加上脾气急躁，所以有时候玩着玩着就和人家急了起来，甚至还会动手打人。有时他也吃亏，但是吃亏后仍然对人家不依不饶，大家都不怎么喜欢和他玩。于是，圆圆渐渐地被大家孤立了，很少有同学愿意和他做朋友。

平时在家里，一旦爸爸妈妈说了什么不顺他心意的话，圆圆就会激动不已，有时还会大哭大闹，这时如果爸爸妈妈说他几句，他会哭闹得更厉害。圆圆做作业的时候总是急于求成、马马虎虎，一次妈妈为此批评了他几句，结果圆圆和妈妈赌气不吃饭、不睡觉。面对脾气急躁的圆圆，爸爸妈妈真不知道该怎么办了。

急躁的性格对孩子的成长是极为不利的，它不但会影响孩子人际关系的发展，而且会对孩子将来的婚姻、事业产生不利的影响。

因此，对于急躁性格的孩子，我们一定要耐心引导，帮助孩子改善这一性格弱点。下面是改善孩子急躁性格的几点建议。

### 1. 让孩子学会耐心等待

急性子的孩子最大的特点就是等不及，所以有必要让孩子学会等待。比如当孩子要求家长带自己出去玩的时候，家长不要简单地答应孩子，而是应该让孩子适当地等待一下，对孩子说："妈妈可以带你出去玩，不过要等妈妈洗完碗筷才可以。"孩子听到要求可以被满足，即使有些急躁，也会让自己静下心来等待。当然，家长要控制好让孩子等待的时间，不要让孩子过于不耐烦。

### 2. 告诉孩子有些事没那么重要

有些孩子总把一些原本不那么重要的事情看得很重要，因此会十分急躁。比如，一些孩子因为作业做错了或是玩具找不到了急得又哭又闹，这时父母应该告诉孩子这些事没他想得那么重要，"作业做错了没关系，只要改正就可以了""一时找不到玩具不要紧，反正在家里一定丢不了，即使丢了我们也可以买新的"。当孩子形成了这种思考方式后，急躁的性格就会慢慢得到改善。

### 3. 适当锻炼孩子的韧性

父母可以为孩子准备一些能够磨炼韧性的活动，比如引导孩子学习书法、乐器、画画、下棋等，从而锻炼孩子的韧性。在这个过程中，父母要根据孩子的学习能力适当提一些要求，比如学习钢琴，如果他能坚持练习15分钟，就给他一定的奖励。如果孩子有急躁情绪，可以教给孩子自我暗示法，让孩子进行语言自我暗示，比如"不要急，着急什么事也做不好""静下心来，我可以的""坚持就是胜利"等。

### 4. 培养孩子做事的计划性和条理性

通常遇事急躁一方面是本身性格导致，另一方面也和外在因素有关，即做事没有计划，没有条理性。因此，改善孩子急躁的性格，可以从这一方面入手。比如让孩子自己制订学习计划，在学习上做到学有余力；让孩子自己收拾整理衣服、物品，在生活上井井有条。

# 塑造孩子坚决果断的性格

如果一个孩子从小做事优柔寡断、犹豫不决，很可能在人生道路上错失很多机会，最终难成大器。而如果一个孩子从小具备果断的做事风格，就会形成较强的自控力和决断力，将来也更容易获得成功。

在日常生活中，我们常常会听到不少父母抱怨自己的孩子做事优柔寡断，没有决断力，而事实上，孩子形成这种性格和父母的教育方式有很大的关系。

波波小的时候不会买东西，每当波波想要什么的时候，爸爸妈妈就会拿给他：波波想吃菠萝，爸爸赶紧去水果超市买回来；波波想玩积木，妈妈急忙去玩具店寻找；波波想买漂亮的衣服，妈妈抽空带波波去商场，不过买什么都是妈妈说了算……

波波渐渐长大了，开始想要自己买东西了，可这时爸爸妈妈已经形成了习惯，替波波包办一切，决定一切：当波波想要吃糖时，妈妈会说"吃太多糖会损害牙齿，还是吃点有营养的东西吧"；当波波想要喝饮料时，爸爸说"饮料喝多了没好处，还不如喝一瓶牛奶"；当波波看中了一件卡通图案的衣服时，妈妈说"这件衣服质量不好，我们看看其他的"……总之，每次波波想买东西的时候，爸爸妈妈都会提出他们的意见，并且大多数情况下，都是爸爸妈妈说了算。

在波波7岁生日的那一天，爸爸妈妈让波波去买自己喜欢的东西，可是波波拿着钱在货架前犹豫不决，最后竟然两手空空地回去了。爸爸妈妈问波波为什么没有买东西，波波说不知道选哪个。自此，爸爸妈妈才渐渐发现，波波已经成了一个做事优柔寡断、没有主见的孩子。比如带波波出去吃汉堡，他会在去肯德基还是麦当劳这一问题上思考大半天；早上起床穿衣服的时候，他会为了决定穿哪件衣服磨蹭很久；晚上写作业的时候，他总是问妈妈先写语文还是先写数学……

相信看到这里，许多父母都感同身受。如果您的孩子是这样的性格，作为父母，是否应该反思一下自己的行为。父母的爱子之心我们可以理解，但是如果一味地包办，只会让孩子形成对父母的依赖，同时失去独立做事的能力，而当孩子自己做事的时候就会不知所措、犹豫不决。还有一些父母因为对孩子的期望过高，对孩子太过严厉，赞扬少、批评多，久而久之，孩子就会缺乏独立做事的自信，且害怕做错事，这也是造成孩子优柔寡断性格的重要原因。因此，想要让孩子变得坚决果断，这两点一定要注意。除此之外，父母还需要注意以下几点内容。

### 1. 用自己的言行影响孩子

父母是孩子言行的参照表，加上孩子善于模仿大人的言行举止，因此，想培养孩子坚决果断的性格，父母首先要以身作则，用自己的果断来潜移默化地影响孩子。比如，当孩子提出某些要求的时候，该满足的就满足，不该满足的要以明确的态度拒绝，并向孩子解释原因。

### 2. 让孩子去做力所能及的事

一些孩子在做事的时候犹豫不决，很可能是因为自信心不足，简单来说就是不相信自己的能力。因此，在日常生活中，家长应该让孩子去做一些力所能及的事，比如穿衣服、擦桌子、自己买东西等。总之，凡是孩子能够做到的，家长尽量不要插手，让孩子自己去思考，去发现自己的能力，从而提高孩子的自信心。

### 3. 培养孩子的"自我决定"意识

有的孩子缺乏主见，遇到事情的时候自己不思考，总是等着父母帮忙拿主意，一旦父母不在身边，就犹犹豫豫，不知道该怎么办了。这样的孩子缺乏"自我决定"意识的锻炼，因此父母要在平时加强对孩子这方面能力的锻炼。比如，当孩子遇到一些难题的时候，不要马上帮其解决，而是要鼓励并引导孩子去思考，让他自己拿主意。

## 巧妙应对叛逆期的孩子

抚养孩子长大成人的过程就像是一场马拉松，在途中我们会遇到各种各样的困难和障碍，其中叛逆期就是一座高山。

叛逆期是每个孩子都会经历的阶段，是孩子成长的一个重要标志。一般来说，在孩子的成长过程中有三大叛逆期——宝宝叛逆期、儿童叛逆期和青春叛逆期。在这几段时期，孩子的独立意识和自我意识觉醒，常常表现出一些不听话、爱顶嘴等叛逆行为，让大人颇感烦恼。

这时家长应该根据孩子各阶段叛逆期的不同特点，采取相应措施，对孩子进行情商教育。那么具体该怎么做呢？

### 1. 耐心对待宝宝叛逆期

第一段叛逆期称为"宝宝叛逆期"，从2岁左右开始。这时孩子的自我意识开始出现并不断发展，孩子有了自己的主见，他们急于表达自己的想法，所以当大人说话的时候，他们总是以一个"不"字反抗。另外，这时的孩子好奇心强、求知欲旺盛，看到什么东西都要摸摸、碰碰，但是这又经常会惹恼大人，觉得孩子不听话。于是，孩子的行为受到限制，这必然会引起孩子的反抗。

　　豆豆刚刚两岁零一个月，妈妈忽然发现最近豆豆像变了一个人，之前那个乖巧听话的豆豆不见了，取而代之的是一个不听话、乱发脾气、和大人对着干的豆豆。

　　早上起床后，妈妈给豆豆刷牙、洗脸，他大声喊："不要！"吃饭的时候，妈妈说："来，豆豆，吃这个。"他大声说："不要！"总之，豆豆把"不要"当成了口头禅，甚至是对自己喜欢做的事、喜欢的东西，有时也拒绝。

　　最让爸爸妈妈烦恼的是豆豆总是乱发脾气，比如：要吃饭了，爸爸要把豆豆手中的手机拿过来，他一万个不愿意；豆豆在玩积木，妈妈喊"豆豆，吃饭啦"，他不管妈妈，继续玩，等到妈妈再来催促的时候，他气呼呼地把积木推倒在地，表示不吃饭了；出去坐电梯时，豆豆要按电梯，如果大人不小心按了，他立刻会变成一只"愤怒的小鸟"……

　　面对这段时期的孩子，家长首先要控制自己的情绪，不要因为孩子的叛逆而大发雷霆，因为跟叛逆期的孩子认真，你就输了。家长应

该试着换一种态度，比如孩子说"不要"，这时不要吼他，而是应该
说："宝贝会说'不要'了呢，真是长大了，那宝贝你想做什么？"另
外，也不要用强制性或是命令性的语气说话，少说"不许碰""不准
拿""不能动"一类的语言，而是应该给孩子一些选择，如"我们去滑
滑梯还是去荡秋千呢？"这样就能避免孩子说"不"，避免孩子的叛
逆行为。

总之，耐心地陪伴是帮孩子度过叛逆期的最好方式。

### 2. 用沟通应对儿童叛逆期

从7岁开始，孩子开始进入第二个叛逆期，即"儿童叛逆期"。
这一时期，孩子开始进入学校，有了自己的同学和朋友，常常表现得
像个小大人。

齐齐刚上小学一年级，是个特别有主见的小男孩，但是妈妈发
现，齐齐最近变得有些叛逆，总和大人唱反调：早上起床不肯刷
牙洗脸，吃饭偏食严重，晚上洗澡总要磨磨蹭蹭，玩完游戏才肯睡
觉，如果说得急了，齐齐还会顶嘴："就不。""凭什么呢。""我就
是不喜欢。"……

这段时期的孩子有自己的主见，他们渴望被尊重和认同。但是
家长面对叛逆的孩子，往往不能进行有效沟通，亲子关系经常陷入僵
局。解决这一问题的最好方法就是沟通，家长要多与孩子沟通，多倾

听孩子内心的想法，给予孩子尊重和认同。

### 3. 巧妙应对孩子的青春叛逆期

从12岁开始，孩子进入"青春叛逆期"。对于青春期的孩子来说，叛逆是他们的一大标签，这段时期的孩子好面子、自尊心强，有很强的独立意识，经常会做出一些挑战父母权威的事情。这时如果强行控制孩子，说教孩子，最容易引起孩子的反抗心理，让他们越来越叛逆。所以，父母一定要记住，对于青春期的孩子，你越想控制他，他越不屈服，越想反抗。

相反，家长可以多给他一些独立的空间，同时要放低姿态，多理解孩子在这一躁动时期的种种行为，多和孩子交流、沟通。当然，这段时期的孩子容易犯错，对孩子进行教育是不可避免的，家长不妨每周开一次"家庭例会"，心平气和地和他探讨一些事情。注意，在和孩子交流时一定要尊重孩子，尽量避免长篇大论的说教。

## 让内向、孤僻的孩子变合群

合群的孩子性格好、人缘好，可以交到很多朋友，长大后孩子的情商也高。而不合群的孩子则通常内向、孤僻，不但没有良好的人际关系，而且身心状况也令人担心。

在现实生活中，有不少孩子性格过于内向，喜欢做"独行侠"，不愿意与人相处，在集体活动中显得尤为不合群，如果孩子性格过于内向、孤僻，很可能会影响日后的成长和发展。

莃莃是个性格内向的小女孩，在学校里，她从来不和同学主动说话，凡是集体游戏、集体活动，莃莃都是一个人玩耍。上课的时候，莃莃从来不举手发言，老师有时会叫她起来回答问题，莃莃扭扭捏捏地站起来，说不了两句话就脸红。下课后，除了去卫生间，莃莃从来不出教室，总是一个人低着头在书桌上翻书看，周围的同学都觉得莃莃"高冷",不爱说话,也很少跟她交流。于是一个学期下来,大家都交到了好朋友,而苒苒却一个朋友也没有。

从上例中我们可以看到,苒苒有些孤僻和不合群,长此以往,必定会对其身心健康造成不良影响。在现实生活中,很多孩子性格内向,不爱说话,一旦进入集体生活,便难以适应。其实,孩子的内向、孤僻不是与生俱来的,很大程度上是受生活环境和家庭教育的影响。那么,怎么才能让内向、孤僻的孩子变得合群呢?下面是几点建议,供大家参考。

## 1. 鼓励孩子交朋友

内向、孤僻的孩子通常不会有很多朋友,家长要鼓励孩子多交朋友。比如节假日的时候,带孩子去公园、游乐场、动物园等地方,或是到亲戚朋友家做客,鼓励孩子与小伙伴们一起玩耍。当孩子感受到集体游戏的快乐,就会主动参与到集体游戏当中,从而渐渐变得大方、合群起来。

## 2. 培养孩子的合作意识

一些孩子无论做什么事,总喜欢独来独往,不善于和他人合作。家长可以试着给孩子一些单独一个人难以完成的任务,然后鼓励孩子和他人合作,在合作的过程中,逐渐培养孩子的合作意识。

### 3. 让孩子适当地向他人求助

内向、孤僻的孩子通常会害怕同他人建立联系，家长要鼓励孩子与他人接触，适当地向他人求助，比如：外出的时候让孩子自己去问路；在餐厅吃饭的时候，让孩子去找服务员要餐巾纸；看到其他小朋友有好玩的玩具，让孩子自己去打听从哪儿买的或是多少钱；等等。

### 4. 让孩子多参加一些体育活动

进行体育活动不仅需要智慧和力量，还需要胆量，而胆量是人际交往中必备的一种心理素质。因此，父母可以让孩子多参加一些体育活动，锻炼孩子的胆量，这对于内向、胆小的孩子来说是很有好处的。

### 5. 带孩子去旅行

家长可以利用假期带孩子去旅行，在旅途中，孩子会遇到各个年龄层的游客，家长要有意识地引导孩子多交流。比如，让孩子向他人介绍自己，当有人遇到困难了，让孩子尽自己的能力去帮忙。总之，在旅途中会遇到各种各样的现实问题，孩子的人际交往能力就会从中得到锻炼。

善用品德培养法，丰富孩子的
情商内涵

品德是情商中最本质的部分，是一个人立足社会的通行证。一个品德高尚的人具有诚实守信、感恩、乐于助人等美好品质，而这些品质也是一个高情商的人必备的素质。因此，我们要从小教育孩子做一个有德行的人，这样孩子的人生才会走向更高的境界，人生才会更加精彩。

## 诚实守信是孩子受用一生的品质

诚实守信是中华民族的传统美德，是人们在公共交往中最起码的道德规范，是一个人在社会生活中安身立命的根本，是孩子受用一生的品质。

如果把"信"字拆开来看，左边是一个"人"，右边是一个"言"，意思是说话要一诺千金，做人要诚实守信。诚实守信的孩子通常会受到大家的喜爱和欢迎，且能有更加稳固的人际关系，将来在事业上也更容易取得成功。因此，我们要从小培养孩子诚实守信的优秀品质。

灿灿爸爸工作一直很忙，即使是周末也很少有时间陪灿灿，爸爸为此有些愧疚。这周六，爸爸终于有了空闲时间，于是对灿灿说："灿灿，爸爸带你到儿童乐园玩吧。"灿灿扭扭捏捏不说话，爸爸感到很奇怪，而且有点生气："你不是早就想去儿童乐园了吗？现在爸爸好不容易有时间了，你怎么又不去了？"

看到爸爸微怒的样子，灿灿还是坚决地摇了摇头，然后说："爸爸，其实我也想去儿童乐园玩，但是我已经和同班的小朋友约好了，邀请他到我们家里来玩，我不能失信呀。"听完灿灿的解释，爸爸满意地点了点头。

在孩子的成长过程中，守信是孩子维系与他人之间关系的纽带，所以即使面对巨大的诱惑，高情商的孩子仍然会选择遵守约定，因为他们知道只有这样才能交到真正的朋友。但是并不是所有孩子都懂得这一点，有些孩子从小没什么诚信概念，总是随口答应一些事情，但是却根本没把事情放到心上，例如借了东西忘记还，答应了别人的事情做不到，等等。因此，这些孩子常常失信于人。

孔子说："人而无信，不知其可也。"诚信是为人的根本，如果一个人不讲信用，是难以在社会上立足的。那么，该怎样从小培养孩子诚实守信的品质呢？家长可以从以下几个方面入手。

### 1. 为孩子树立诚信的榜样

曾子是我国著名的思想家，一天，曾子的妻子要到市集上买一些东西，儿子哭闹着也要去。曾子的妻子觉得带着孩子麻烦，于是随便哄了一句："你在家里玩吧，等到妈妈回来给你杀猪吃。"儿子听完果然不哭了。

妻子回来的时候，看到曾子正在杀猪，感到十分奇怪，便问曾子："今天又不过节，你杀猪做什么？"曾子回答说："不是你说的回来之后杀猪吗？"妻子说："我刚才是哄儿子的，你怎么能当真呢？"曾子严肃地说："不能跟孩子随便开玩笑，孩子小，不懂事，什么事都要照着父母的样子学，如果父母说话不算数，欺骗了孩子，孩子以后就可能去骗别人，而且你骗了孩子，孩子以后就不相信你了，你说这猪不该杀吗？"妻子听后很惭愧，于是两个人一起把猪杀了。

这则故事告诉我们，父母是孩子学习的榜样，如果想要孩子诚实守信，父母一定要以身作则，做一个有责任心、以诚待人的人。比如，在答应孩子事情之前一定要三思，不要随口答应孩子的请求，因为如果随意答应孩子的一些请求，之后又做不到，就会在孩子面前丧失威信，让孩子对大人失去信任。而如果答应了孩子的请求，就一定要做到。如果实在不能兑现，也应该向孩子做出具体解释，并向孩子道歉。

## 2. 从点滴做起帮孩子树立诚信

家长要把对孩子的诚信教育渗透到生活点滴之中，比如：从小教育孩子要说真话，不说假话；当孩子借了他人的东西，告诉孩子要及时归还；与别人交往时，一旦许下承诺，就不能食言，要尽力去完成；等等。

另外，家长还要多给孩子讲一些有关诚信的故事，如"季布一诺千金""商鞅立木取信"等，或是经常和孩子讨论一些有关诚信的话题，让孩子从中感受诚信，思考诚信。

### 3. 营造讲诚信的家庭氛围

父母要为孩子营造一个讲诚信的家庭氛围，比如家庭成员之间要相互信任，孩子虽然年龄小，但也能感受到父母对自己的信任，这样孩子从小就受到父母的尊重和信任，孩子自然会去尊重、信任他人。

## 在生活点滴中让孩子学会感恩

感恩是一种美德，来自对生活的爱与希望。父母要让孩子学会感恩，对别人的给予心存感激。

在社会这个大家庭中，没有人是独立存在的，只要生活在这个世界上，就要接受他人的"恩惠"，如父母的养育之恩、老师的教育之恩、他人的帮助之恩……但是对于这些"恩惠"，一些孩子总表现得理所当然，忘记了感恩。而一个不懂感恩的孩子，必定会被社会所孤立，因为社会难以接受不知道感恩的人，所以为了孩子的成长，为了孩子的将来，我们一定要教会孩子感恩。

有一个10岁的小女孩，从小妈妈就对其进行感恩教育，比如当得到别人帮助的时候，一定要记得表示感谢。

有一天，小女孩坐公交车去上学，车上人很多，司机突然来了一个急刹车，小女孩没站稳，脚底一滑，差点摔倒，幸好一个大哥哥扶住了她，等到小女孩重新站稳后，她回头对大哥哥打了一个手势，不过对方不明白她是什么意思，只好礼貌性地微笑着摇了摇头。

不一会儿，小女孩把一张小纸条递到了大哥哥手里，只见纸条上歪歪扭扭地写着几个字："谢谢你，大哥哥！"大哥哥恍然大悟，原来这个小女孩是聋哑人，刚才是在向自己表达感谢。

教孩子学会感恩其实很简单，一句"谢谢"便是感恩教育的开始。当孩子得到别人帮助的时候，教他说一声"谢谢"；当好朋友送他一件礼物的时候，教孩子说一声"谢谢"；当孩子生病了，受到大人无微不至的照顾时，教孩子向父母说一声"谢谢"……

当然，教孩子感恩，并不是让孩子仅仅感谢那些帮助过自己的人，而是要让孩子学会"博爱"，学会感谢任何人、任何事。比如：我们应该教会孩子感谢大自然赋予的一切——太阳带来的温暖与光明，雨水带来的盎然生机；我们应该教会孩子感谢父母给予的养育之恩、老师给予的授业之恩……当孩子学会用感恩的态度看待一切时，他就拥有了一颗感恩之心。

家庭是孩子活动的主要场所，父母应该利用好这一契机，让孩子在家庭教育中认识感恩，学会感恩。比如孩子小时候会认为世界上的一切都是有生命的，家长可以借此让孩子学会识别、感受他人的情感，然后引导他做出一些谦让、分享、感谢等积极行为。当然，父母还可以通过一些简单的童话故事、寓言故事和名人故事让孩子学会感恩。

另外，对孩子进行感恩教育也要抓住时机，比如一些感恩主题的节日就是很好的机会，在过父亲节、母亲节、教师节等节日的时候，让孩子对有恩于自己的父母、老师、朋友表达感谢。

## 帮孩子打造乐于助人的情商"名片"

> "投之以桃，报之以李"，为别人点一盏灯，既照亮了别人，也照亮了自己。

助人为乐是中华民族的传统美德，也是高情商孩子的必备品格。因此，家长要在日常生活中培养孩子乐于助人的品德。

周末，妈妈准备带飞飞去公园玩，上了公交车后，飞飞问了妈妈一个问题："妈妈，为什么有的座位是黄色的？"这是飞飞第一次坐公交车，没想到就有了这么重大的发现。妈妈十分高兴，指着一个黄色的座位说："这是老弱病残孕专座，也就是给老爷爷、老奶奶、小朋友、生病的人、残疾人和肚子里有小宝宝的阿姨坐的，因为这些人行动不方便，我们要帮助他们，把座位让给他们。"飞飞听了，认真记下了。

一次，妈妈和飞飞坐地铁，地铁里的人很多，座位已经没有了，这时上来一位老奶奶，飞飞立即主动把座位让给了老奶奶。老奶奶连连推让，妈妈笑着说："您就坐这儿吧，孩子自己说给您让座的，我这个当妈的得支持他呀。"老奶奶说了"谢谢"，夸飞飞是个好孩子，飞飞很开心。

下了地铁，妈妈打趣地问飞飞："你把座位让给了老奶奶，如果你累了该怎么办呢？"飞飞小声嘀咕："是呀，我站累了怎么办……"小家伙偏着头想了几秒钟对妈妈说："没事，我累了就坐在妈妈腿上。"妈妈摸了摸飞飞的头，欣慰地笑了。

在妈妈的教导下，飞飞成了一个乐于助人的孩子：在幼儿园经常帮老师整理小椅子；在外面碰到摔倒的小朋友时，马上去扶，并安慰人家；在家帮爸爸妈妈做一些力所能及的事；等等。

英国有一句谚语叫"赠人玫瑰，手有余香"，一个乐于助人的孩子总能在他人需要帮助的时候伸出援助之手，而自己也能获得幸福和快乐。但是在现实生活中，受家庭教育、社会因素的影响，有的孩子会有些自私自利，这样的孩子最终只能走向孤立无援的境地，别人也会对他敬而远之，因此，我们要从小培养孩子乐于助人的品德，为孩子打造一张乐于助人的情商名片。那么具体说来应该怎么做呢？下面几点建议供大家参考。

## 1. 父母要树立助人为乐的榜样

教孩子助人为乐，父母首先要树立一个好榜样。在日常生活中，如果遇到需要帮助的人要伸出自己的援助之手，比如：带孩子坐公交车、地铁的时候，给需要的人让座；乘电梯时，多等一下正在匆忙赶过来的人；看见有人东西掉了，提醒他一下；下雨天，为站在身旁没有伞的人遮一下雨……总之，父母要从生活小事做起，以自己的言行影响孩子，教育孩子。

### 2. 教给孩子帮助他人的技巧

帮助他人也需要一定的技巧，比如在帮助他人之前要教孩子学会观察和注意别人的需要，家长可以用语言、示范来描述，让孩子正确认识他人的需要。然后要教孩子如何正确表达自己的关心，并向他人提供帮助。另外还要告诉孩子，帮助他人的时候态度要诚恳，方式要得当。

### 3. 借助故事、寓言等教导孩子

枯燥的道理孩子多半不愿意听，因此，家长可以借助一些精彩的故事、寓言等教导孩子。如果是年龄较小的孩子，可以给他讲一些关于乐于助人的小故事，或是看一些相关的绘本。下面这则故事就很有意义。

一天，一只小蜜蜂正在花丛中"嗡嗡"地飞着，忽然它看到一群小蚂蚁在搬家，小蜜蜂十分好奇，于是问小蚂蚁："你们为什么要搬家呀？"一只小蚂蚁放下一块举过头顶的面包屑，对小蜜蜂说："因为天快要下雨啦。"

　　小蜜蜂听完，赶紧急匆匆地向家中赶去。小蜜蜂飞呀飞，忽然，它听到了有人在"呜呜呜"地哭泣，小蜜蜂循声望去，在一顶"蘑菇伞"下面有一只小蝴蝶。小蜜蜂飞过去问："小蝴蝶，你为什么哭呀？"小蝴蝶说："因为我迷路了，找不到回家的路了。"小蜜蜂一边给小蝴蝶擦眼泪一边说："没事的，我帮你吧。"在小蜜蜂的帮助下，小蝴蝶安全地回到了家。

　　这时下起了大雨，小蜜蜂只好在一户人家的屋檐下避雨。不一会儿，雨过天晴，天边挂起了一道美丽的彩虹，小蜜蜂开心地笑了。

# 培养孩子的社会公德意识

良好的社会公德意识是一个人品质和文明程度的外在表现。一个人如果拥有一颗公德心，既能赢得人们的尊敬，又能更好地融入社会大家庭中。

从小遵守社会公德是每个公民应尽的义务，但是在现实生活中，不仅仅是孩子缺少社会公德意识，一些大人也缺乏公德心，经常做出破坏社会文明秩序的行为，比如在公共场所大声喧哗，随地乱扔垃圾，在名胜古迹上乱涂乱画等。

车到站了，一位老奶奶背着一个儿童书包，左手扶着车门处的扶手，右手利索地拿出老人卡给售票员看，然后用眼睛迅速在整个车厢扫视了一圈，找到了一个空座。不过老奶奶并没有坐下，而是把身后的儿童书包拿下来放到了座位上，同时向身后一个八九岁的小女孩招招手，那是她的小孙女。

小女孩跑到老奶奶身边，拿起座位上的书包，一屁股坐下来，一边喝牛奶一边对着车门口的妈妈大声喊："妈妈，妈妈，你快点。"本来安静的车厢，被小女孩突如其来的叫喊声打破了。一位正在看书的姑娘皱了皱眉头，抬头看到扶着座位站着的老奶奶，起身说："您坐这里吧，我下一站下车。"这时小女孩的妈妈正好上了车，老奶奶说："闺女，你去坐着吧，上班挺累的，我在这陪着孙女就好。"于是小女孩的妈妈坐到了座位上。

小女孩喝完牛奶后，把包装盒朝车厢垃圾桶一扔，结果没扔进去，掉在了一旁。妈妈看着女儿，小女孩朝妈妈递了个"无所谓"的眼神，转过头去看窗外的风景了，妈妈也没说什么，继续玩她的手机。

相信大家或多或少在公交车上看到过类似的场景，孩子没有公德意识，在车厢内喧哗或是乱丢垃圾。我们也看到，小女孩的妈妈不懂得体恤、尊敬老人，在妈妈的影响下，孩子长大后未必懂得尊老爱幼的美德。

社会公德是最基本的公共生活准则，是每个公民应尽的义务，也是一种美德。如果从小将这种美德深深扎根在孩子心里，孩子就能受益一生。那么我们该如何从小培养孩子的社会公德意识呢？

### 1. 为孩子树立一个好榜样

一对年轻的夫妻带着孩子到一家餐厅吃饭，离开的时候，父亲拿走了一本餐厅的杂志，孩子看到后朝父亲喊道："爸爸，这是餐厅的东西。"父亲有点尴尬，把杂志随手丢在了一张桌子上。这时妈妈拿起手中的杂志，指着杂志上的几个字说："儿子，你看，这里写着'公共财物，请您爱护，用完后请放回原处'，你去把它放到报刊架上吧。"儿子拿着杂志跑了过去，把杂志放到了架子上。

父母是孩子的第一任老师，也是孩子的第一公德标准，父母的任何言行举止都是孩子学习和模仿的对象，一些父母不注意生活中的小细节，常常做出误导孩子的行为，比如横穿马路，乱闯红灯，在公共场所喧哗，随意丢弃垃圾，等等。因此，培养孩子的公德心，首先父母要为孩子树立一个好的榜样。

### 2. 让孩子形成良好的道德认知

道德认知是道德行为产生的基础，孩子年龄小，生活阅历少，对是非、善恶、美丑难以分辨，道德认知不够。父母可以通过为孩子讲故事，陪孩子看书等方式让孩子多了解一些社会公德准则。

比如，父母可以每天给孩子讲一个中华传统美德故事，这样既有利于孩子形成良好的道德认知，又能拓宽孩子的知识面，还可以培养孩子良好的阅读习惯。

### 3. 帮孩子形成良好的道德行为

有了良好的道德认知后，父母要帮助孩子在具体的行动中形成良好的道德行为，比如：在购物的时候和孩子一起排队；在图书馆提醒孩子要轻声慢步；到景区游玩时叮嘱孩子遵守相关规定；等等。而且当孩子做出这些举动的时候，父母要给予孩子鼓励和肯定，强化孩子的道德行为。

当然，培养孩子的社会公德意识，是一个长期的过程，需要父母耐心的正面引导。如果孩子做出了一些违反社会公德的行为，父母要正面说教，切不可粗暴对待。

# 让孩子坚守正直，学会变通

正直是一个人应该具有的优良品德，正直的人刚直坦率、勇敢无畏，且有自己的信念和原则。但是如果一个人太过正直，不懂得变通，人生之路也会异常艰难。

在现实生活中，需要正直这种美好的品质，但是也需要学会灵活变通。一个高情商的人必定既能坚守正直，又能在恰当的时候懂得变通。因此，如果家长想让孩子成长为一个高情商的人，除了让孩子坚持自己的本心，为人正直以外，还要教孩子学会变通的技巧。

一个周末，爸爸妈妈带着露露一起去参观清华大学，由于他们出发得晚，到了那里已经有很多人排队了。爸爸建议租一辆自行车，扮作学校的职工混进去，这样就免去了排队的麻烦，露露说这样偷偷摸摸不好，要遵守学校的规定排队。听露露这么说，爸爸有点惭愧。

中午吃饭的时候，妈妈建议去学生食堂吃，那里的菜便宜，而且各类小吃应有尽有，不过都需要使用学生卡。爸爸提议向学生借一张卡买饭，然后给他现金。露露又坚持说这样也是偷偷摸摸，爸爸认为这件事上应该学会变通，不过最后爸爸妈妈还是应着露露的要求，到专供游客的餐厅去吃饭了。

如果你是露露的爸爸妈妈，会怎么教育露露呢？美国著名投资商巴菲特曾经这样教育自己的孩子："正直，勤奋，活力，如果你不拥有第一个品质，其余两个将毁灭你。对此你要深思，这一点千真万确。"可见，正直是孩子一生中必不可少的优良品质。

但是社会又是一个极其复杂的系统，如果一味地"正直"，很可能会碰壁、吃亏，甚至是受到人身伤害。比如一些孩子坚持正义行为，在看到有歹徒抢劫时挺身而出，结果却因为势单力薄而弄伤了自己。如果遇到这种情况，就需要教孩子既要坚守正义，又要学会变通，用理智去应对问题。

那么，我们该怎样教孩子学会正直，且又能在恰当的时候懂得变通呢？

### 1. 教孩子实事求是

一切美好的品德都是以实事求是为基础的，如果一个人总是违背事实，谎话连篇，根本谈不上正直。因此，要教孩子从小做一个正直的人，首先要树立实事求是的态度，比如让孩子真实地表达自己的想法，教导孩子做事不是为了做给别人看的，而是要真实地对待自己，为自己负责。

### 2. 教孩子坚守正义

正直的人一般都有强烈的正义感，而正义感也是孩子应该具备的最基本的道德观念。教孩子坚守正义，培养孩子的正义感，首先父母要做好榜样，为人处世正直、光明磊落。其次，父母要告诉孩子哪些行为是正义行为，哪些是非正义行为，逐渐培养孩子的是非观念。最后，父母要鼓励孩子的正义行为，以此不断强化孩子的正义行为。

### 3. 教孩子学会变通

如果孩子太过正直，很可能会伤害他人，也可能因为得罪他人而让自己受到伤害。因此，在教孩子正直品质的同时，也要教给孩子理智，让孩子学会变通。比如告诉孩子对人对事开诚布公没有错，但是要考虑时机。

# 呵护并培养孩子的羞耻心

孩子的羞耻心是在其自我意识发展的过程中产生的，是以自尊心为基础的一种道德情感。保护并培养孩子的羞耻感，可以让孩子自觉抵制一些不良行为和错误，对孩子的健康成长有着莫大的意义。

《礼记·中庸》中有"知耻近乎勇"的说法，即知道耻辱就是一种勇敢，为什么这么说呢？通常来说，人在犯了错误的时候或是碍于自己的面子，或是由于一些其他原因，并不会主动去承认错误，而一个有羞耻心的人会有一种"忏悔心理"，能直面错误，并改正错误，这一行为就是勇敢的表现。如果孩子拥有一颗羞耻心，在犯了错误的时候能认真地听从家长的教诲，或是未经家长批评自觉去改正，这便是孩子高情商的表现。

　　周六的时候，妈妈带果果到博物馆参观，回到家里，妈妈发现果果不知道从哪里弄来了两块很漂亮的鹅卵石，在妈妈的再三追问下，果果承认了自己的错误。原来，在博物馆参观的时候，果果看到人行道旁的鹅卵石很漂亮，趁妈妈不注意偷偷捡起来藏在了自己的小背包里。

　　听完果果的解释，妈妈并没有大声斥责果果，而是告诉果果，作为社会的一分子，每个人都要遵守一定的社会规范，博物馆的鹅卵石是公共财物，即使自己再喜欢也不能占为己有。然后妈妈还让果果写了一封道歉信，并陪着果果一起把鹅卵石送回博物馆。

　　走到博物馆的门口时，妈妈并没有领着果果进去，代果果向博物馆工作人员道歉，而是等在路口，让果果自己去处理问题。果果站在博物馆门口犹犹豫豫，站了半天，最后红着小脸把鹅卵石和道歉信交到了一位工作人员手里。


　　果果妈妈为什么要让果果一个人去道歉呢？其实妈妈这样做是在培养果果的羞耻心，强化她的自制力。相信在妈妈的教导下，果果以后碰到类似的事情，即使没有妈妈的提醒，也会遵从内心，及时改正自己的错误。

　　孩子到了3岁左右，随着自我意识的发展，他们开始认识自己，也开始注意他人对自己的评价，这时如果自己做错了事，受到大人的批评，他们会产生一种羞愧感，典型表现是脸红、低头不语、逃跑、躲藏等，不过这些行为只有在大人的"刺激"下才会出现。而到了5岁左右，不需要成人的"刺激"，孩子已经能独立地表现出羞耻心了。当他们感到羞愧时，表现不再是简单的脸红、逃跑等行为，其内心活动也开始丰富起来，比如他们会感到不愉快，甚至有些痛苦，开始自责自己的错误行为，等等。随着年龄的继续增长，孩子的自尊心越来越强，羞愧感也越来越强烈。

在这个过程中，我们要呵护孩子的羞耻心，比如当孩子做错事的时候，不要一味地批评孩子，更不要羞辱、指责孩子，而是应该耐心引导孩子，帮助孩子认识错误并改正。当然，适当的批评也能加深孩子对耻辱感的认知，不过要掌握分寸，并注意批评的方式和方法。

除此之外，家长还应该注意在日常生活中培养孩子的羞耻心，比如：家长要做好榜样，让孩子知道羞耻心的重要性；当孩子做了损害他人利益的事时，引导孩子换位思考，促使孩子产生羞耻的情感体验；让孩子多与同伴交流、玩耍，互相分享犯错后的体会，强化孩子的羞耻心；等等。

# 让孩子做一个有责任心的人

能努力做好力所能及的事，不怕困难，有初步的责任感。

——摘自《幼儿园指导纲要》

责任心是情商的核心要素，一个有强烈责任感的孩子能清晰地认识自我角色，并能做到有效管控自己的情绪，做到真正地理解他人。而且，一个孩子只有从小具有责任意识，长大后才能承担起对自己，对他人，乃至对社会的责任。所以，在孩子的成长过程中，家长应该尽早培养孩子的责任意识，教会孩子做一个有责任心的人。

爸爸去学校接彪彪放学，快到学校的时候看到彪彪一个人背着小书包蹦蹦跳跳地走着，爸爸停下车，示意儿子上车。彪彪系好安全带，把自己的小书包放好后，爸爸边发动车子边问他："儿子，今天怎么这么早就放学了？而且你不是经常跟同学一块走吗，今天怎么就你一个人？"彪彪有点神秘地说："今天下午班里举行大扫除，我最讨厌扫地擦桌子了，所以我就先出来了。"

"大扫除是全班同学都要参加吗？"

"是的，不过人那么多，少我一个也没事，所以我就趁机溜出来啦。"说完，彪彪还朝爸爸眨眨眼，得意地笑了起来。

"原来彪彪做了一个小逃兵啊，唉，劳动是一件多么光荣的事，可惜喽。"爸爸叹了一口气。

"谁说我是小逃兵了，我只是，只是……"彪彪脸红得说不出话来。

爸爸趁机把车子停在一边，认真地对彪彪说："儿子，既然是全班同学都要参加大扫除，那么你也应该承担起维护教室环境卫生的责任，如果你今天逃跑了，就是逃避责任，你的同学、朋友会觉得你是一个没责任心的孩子，你觉得呢？"

彪彪听了爸爸的话后，歪着小脑袋想了一下，然后对爸爸说："爸爸，我们回去吧。"于是爸爸调转车头，陪他一起回到学校，彪彪加入了大扫除的行列，虽然弄得全身都是灰尘，但是彪彪很开心，看着儿子快乐的样子，爸爸也开心地笑了。

同学们都在大扫除，而彪彪却当了小逃兵，不过爸爸并没有直接呵斥彪彪，强行带彪彪返回学校，而是一步一步耐心引导，让彪彪认识到了自己的错误，并自觉返回学校加入集体劳动中。彪彪爸爸的做法值得我们借鉴，当孩子逃避了自己应该承担的责任时，不要发脾气，而是静下心来，动之以情，晓之以理，逐渐培养孩子的责任意识。

培养孩子的责任心要从小抓起，除了以上的小技巧之外，父母还应该掌握以下方法。

### 1. 让孩子学会自我服务

现在很多孩子享受着"衣来伸手，饭来张口"的生活，原本他们能自己做、应该自己做的事，父母也会全权代劳。这样一来，一些本应该由孩子自己承担的责任，父母也全权承担了。在这样的溺爱之下，孩子又怎么会成长为一个有责任心的人呢？因此，为了培养孩子的责任心，父母一定要放弃对孩子的溺爱，让孩子学会自我服务，即做一些力所能及的事，承担起自己应该承担的责任，比如：让孩子自己的玩具自己收拾；穿脏了的衣服自己洗；独立完成作业，不能让爸爸妈妈代劳；等等。

### 2. 教孩子勇敢地承担责任

当孩子犯了错的时候，他可能会因为怕受到家长的责罚，而逃避、推卸责任。比如，孩子将家里新买的花瓶打碎了，却说是小猫的"杰作"。这时家长应该教孩子勇敢地承担责任，无论是什么样的过失，只要在他的承担能力范围之内，都要让他学会去面对，去承担。并且家长应该让孩子适当承担一下不负责任的后果，比如孩子早晨赖床不起或是磨磨蹭蹭，上学快要迟到了，家长也不要慌，让他迟到一两次，自己去面对老师的批评，并告诉孩子，这就是他对自己不负责的结果，相信这样做必定能给孩子留下一个深刻的印象。再比如，孩子总是喜欢乱拿乱放东西，当做作业时需要的参考书找不着了，这时不要急着帮他找，而是应该让他自己费时费力地去找，等到他尝到苦头，自然会长记性。

### 3. 培养孩子做事有始有终的习惯

为了增强孩子的责任心，家长还要培养孩子做事有始有终、负责到底的好习惯。比如对于交给孩子的事情，不论大小，家长都要对其进行监督。如果发现孩子想要放弃，就要给孩子鼓励；如果遇到问题，要给予孩子帮助，并引导他自己解决问题。这样当孩子认认真真从头到尾把一件事做好之后，就会获得一种成就感，责任意识也会逐渐形成。

## 第十章

### 多一点细心，远离情商
### 教育"雷区"

近年来，情商作为一种重要的心理品质和成功因素，得到了社会的普遍重视，甚至在教育领域遍地开花。"望子成龙，望女成凤"是每个家长的心愿，但是很多家长对情商教育了解甚少，因此在理念、方法和方式上容易陷入情商教育的"雷区"，结果常常适得其反。因此，我们在本章列出了一些常见的情商培养误区，旨在帮助大家让情商教育变得更科学、更有效。

## 保持理智，情商教育莫要赶时髦

> 现在的孩子普遍智商较高，但缺乏情商，因此，孩子的情商教育必不可少，不过父母也要保持理智，切莫陷入情商培养的误区。

现在的家长越来越意识到培养孩子情商的重要性，因此，有些父母为孩子报了"情商培训班"，希望通过一些情商训练来提高孩子的情商。这些父母认为上情商训练班可以在较短时间内提高孩子的交际能力、沟通能力、协调能力等，虽然价格有些昂贵，但是为了孩子的未来，也愿意花钱试一试。

但是，孩子的高情商真的是上几节课就能形成的吗？据有关调查研究显示，现在的大部分家长都十分关注孩子的情商教育问题。但是，对于情商教育这一概念，家长们并不怎么了解，甚至有些家长根本对此一无所知，只是为了赶时髦，就为孩子报了情商培训班。

其实，情商培训班确实能在一定程度上给孩子以指导的作用，但是家长应该意识到，情商课终究还是一种课堂教育，它无法取代日常生活中的情商培养。而且情商培养不同于吃药看病，不是说孩子情商低通过情商训练课就能迅速补上，父母应该更注重家庭教育。

比如说，在情商培养中，情绪的管控、与人交往、处理问题等能力的培养，不能仅依赖于课堂的学习，而是需要在日常生活中不断实践。又或者，父母的脾气很坏，觉得孩子的脾气也不好，想要通过情商训练课来改变孩子，这基本是不可能的，因为一个孩子情商的高低，一个最重要的影响因素就是家庭环境。家庭环境好，有利于孩子的情商发展；家庭环境差，很难培养出高情商的孩子。

孩子的情商培养是一个循序渐进的过程，需要父母在日常生活中给孩子以正确的示范和引导。只有搞好家庭教育，情商训练才可以锦上添花；而如果家庭教育一团糟，再昂贵的情商课也不能提高孩子的情商。

## 允许并尊重孩子的兴趣爱好

> 兴趣是最好的老师，在孩子的兴趣爱好中，往往隐藏着他的一些潜能，当孩子在做自己感兴趣的事时，他的潜能很容易被激发出来，而且在这个过程中，孩子还能学会如何去克服困难，如何坚持。

我们常说"萝卜白菜，各有所爱"，每个人都有自己的兴趣爱好。对于自身的兴趣爱好，家长认识得比较明确，但是一到孩子身上，这种认识就变得模糊起来，尤其是对孩子的一些独特的兴趣爱好，很多家长不以为然。当然，也有不少家长能发现孩子的兴趣所在，但是出于"兴趣爱好会影响学习"的考虑，家长会竭力阻止孩子发展兴趣爱好，这就陷入了情商教育的一大误区。

一位妈妈发现孩子喜欢玩汽车模型，觉得这样会影响孩子学习，于是便明令禁止孩子接触任何汽车模型，有时孩子会自己偷偷买一个装在书包里，结果被妈妈发现了，当场扔到地上踩碎了。在妈妈的阻挠下，孩子放弃了自己的爱好，整天闷闷不乐，学习也不专心，学习成绩直线下降。

而另一位妈妈是这样做的：当发现孩子喜欢上汽车模型的时候，妈妈并没有反对孩子的兴趣爱好，反而是积极支持孩子，为孩子买了精美的汽车画册、汽车模型，还带孩子去参观车展。有了妈妈的支持，孩子对汽车的兴趣越发浓厚，随着知识的不断积累，谈起汽车来头头是道。另外，由于心情愉快，孩子学习也更加高效了。

不同的教育态度和方法，产生了不同的教育结果。兴趣是孩子成才的最佳途径之一，因为兴趣可以激发孩子的潜能，帮助孩子开辟一条通往成功的道路。因此，对于孩子的兴趣爱好，我们不能不分青红皂白地粗暴阻止，而是应该允许孩子拥有自己的兴趣爱好，并给予孩子尊重。那么具体该怎么做呢？下面几点建议希望可以帮助大家。

### 1. 善于发现孩子的兴趣爱好

父母要善于发现孩子的兴趣爱好，即要知道孩子对什么感兴趣。那么家长该如何发现孩子的兴趣所在呢？这就需要家长有一双善于观察的眼睛，在日常生活中多留意孩子的一举一动，比如孩子反反复复做的事就可能是孩子的兴趣爱好。除此之外，家长还可以多和孩子沟通，多问问孩子喜欢做什么，这样也能发现孩子的兴趣爱好。

## 2. 做到"己所不欲，勿施于人"

有些父母为了弥补自己的遗憾，就强迫孩子去做自己期望做的事，比如孩子喜欢画画，父母却想让孩子学钢琴。家长应该明白"己所不欲，勿施于人"的道理，父母应该尊重孩子的兴趣爱好，即使孩子的兴趣爱好和自己期望的有偏差，但是只要是正当爱好，就要给予孩子尊重，这样才能充分发挥孩子的创造力和潜能。

另外，父母不要因为不喜欢孩子的兴趣爱好就去阻止孩子，也不要因为一次的失败就开始反对孩子发展兴趣爱好，相反，我们可以给他们一些指导和意见，多给他们一些鼓励，以提高孩子的自信心。

## 3. 切记不可盲目跟风

在培养孩子的兴趣爱好时，有些父母并没有考虑孩子的个人偏好，而是为孩子安排好一切，甚至是盲目跟风，看到其他孩子在学什么，也让孩子跟着学什么。这样一来，孩子本身的兴趣爱好无从发展，特长无法发挥，而且在父母的强制下去学习本身不喜欢或是没什么兴趣的东西，学习效果自然不理想，甚至还可能产生逆反心理。因此，父母在培养孩子的兴趣爱好时切忌盲目跟风。

## 情商教育要根据孩子的个性特点进行

　　每个孩子都有自己的个性特点，情商教育不能盲目而行，而是应该因材施教，遵循孩子的个性特点，这样才能切实提高孩子的情商。

　　每个孩子都有自己独特的性格，有的孩子内向安静，有的孩子活泼开朗，在对孩子进行情商教育的时候，父母应该根据孩子自身的性格特点采取相应的教育方式，而不能完全按照自己的想法和要求来强迫孩子。

　　录录从小是个听话懂事的孩子，但就是有点内向，喜欢安静。妈妈希望把录录培养成一个活泼的小男孩。

　　周末的时候，妈妈带着录录到附近的公园玩，在一块空地上休息的时候，旁边有几个小朋友在一起玩耍，妈妈趁机对录录说："录录，去跟他们玩吧，你看他们玩得多开心。"录录扭过头看了看，又继续摆弄自己新买的玩具车，随口回了句："我不去。"

妈妈有点生气地说："一个人有什么好玩的，你看看人家都那么活泼，再看看你整天就知道待在家里。"

"我又不认识他们，我才不要和他们玩。"录录倔强地说。

"不认识就不能一块玩了？"妈妈生气地质问。

"我就是不想嘛……"说着，录录还大哭了起来。

"看看这孩子，还没说他什么就哭了起来，跟个女孩子一样！"

听到妈妈这样说，录录哭得更厉害了。


录录本来是一个喜欢安静的男孩，这样的性格没什么不好的，但是妈妈却希望录录成为一个活泼的男孩，在妈妈的强制要求下，录录以哭泣来反抗。可见在对孩子进行情商教育的时候，家长如果不能根据孩子的性格特点来采取措施，而是完全按照自己的意愿来，结果只能是让孩子产生抵触心理。那么具体来说，父母应该怎么做呢？以下几点建议供大家参考。

### 1. 充分了解孩子的性格特点

我们与孩子朝夕相处，总以为自己是最了解孩子的人，但是有时候却发现，我们并不真正了解孩子。比如说在一些事情的处理上，我们不理解孩子的想法，孩子也不理解大人的想法，于是就会产生一些矛盾和分歧，并且随着孩子年龄的增长，这种矛盾与分歧只会越发明显。这时我们就需要不断去了解孩子的性格特点，比如孩子的性格是内向还是外向，是冷静还是急躁，是自信乐观还是消极悲观，是乖巧还是叛逆，等等。

### 2. 根据孩子的性格特点进行情商教育

在了解了孩子的性格特点之后，我们会发现孩子身上的一些缺点，比如：孩子太过内向，不合群；孩子性格直率，但是有时做事鲁莽；孩子性格懒散，做事拖拖拉拉，喜欢磨蹭；等等。家长不仅要清楚孩子的性格优点，还要了解孩子的性格缺点，然后取长补短，采取合适的教育方式来教育孩子。

### 3. 尊重孩子的个性发展

每个孩子都是独立的个体，他们有自己的个性，有自己的行为方式，家长应该尊重孩子的个性发展，不要强求孩子成为自己期望的样子。比如有的孩子比较文静，家长没必要强制孩子变得外向活泼。唯有尊重孩子的个性发展，才能让孩子找到适合自己发展的道路，孩子才能成长为自己想要成为的样子。

## 要孩子控制情绪，家长首先要做到不乱发脾气

在孩子的情商教育过程中，我们总是要孩子注意控制自己的情绪，不要乱发脾气，但是我们自己却时常对孩子发火，对于孩子来说这显然是不公平的，而对于父母来说，也是不理智的。

在教育孩子的过程中，总会有耐心耗尽的时候，一旦火气上来了，怎么也控制不住，想必大多数父母都有过这样的体验，尤其是当孩子做错事或是淘气的时候，更是控制不住自己的情绪，大吼大叫一通自然是在所难免。

这周末，妈妈要加班，所以要在七点半出发，而小天的篮球课是九点开始，八点从家出发就可以。两个时间有点冲突，为此在前一天晚上，妈妈和小天约定好，要小天早起半小时，妈妈先把他送去培

训班，小天当时也答应了。但是到了第二天早上，小天的起床气又犯了，对于前一天的约定一概不认，而且还对着妈妈闹脾气："大周末的，都不让人多睡一会儿，您这什么破工作啊……"

妈妈本来是想说小天做得不对，要让他改改爱发脾气的坏毛病的，但是又想到自己上班来不及了，周六还得加班，一时间火气上来了，推开小天的房门大声说："我不能因为你而迟到，如果不搭我的车，自己想办法！"说完妈妈离开了小天的房间，留下小天自己在屋子里生闷气。

偶尔发脾气是一种教育孩子的手段，可以用家长的权威教育孩子，影响孩子，让孩子知错能改，但是切不可随便乱发脾气，这可能会对孩子的学习能力、社交能力和心理造成很大的伤害，从而影响孩子情商的发展。正如一位心理学者所说：那些经常忍不住在孩子面前发火的家长，相比温和的家长，他们的小孩往往会在与人相处时表现得更强势也更容易情绪低落，学校表现也更差。愤怒，会毁坏小孩子对社会的适应能力。

那么，如果到了情绪即将爆发的那一刻，怎样才能控制住自己的情绪呢？下面有几点建议和大家分享。

### 1. 心里默数10个数

在发火之前，先做深呼吸，然后心里默数10个数，通常来说怒气会减半。如果太过生气，这时你可以尝试数20个数。记住：一定要集中注意力，认真数，否则没有效果。

## 2. 给自己半小时的冷静时间

不妨给自己定一个规矩，在即将发火之际，不管自己有多愤怒，都不能马上发作，即使是对孩子发脾气了，也要及时收住，先给自己半小时的冷静时间，一切等到半小时以后再说。在这期间，你可以去阳台冷静一下，也可以找点别的事情做，比如上网、聊天、吃些东西等。通常来说，半小时后，即使是再生气的人，也会变得理性起来，这时再去跟孩子交流，便能取得较好的效果。

## 3. 写下提醒自己的纸条

准备一张纸条，在上面写下改变自己坏脾气的愿望，以及一两句有提醒作用的话语。当想要对孩子发火的时候，就把纸条拿出来看一看，并给自己鼓励。只要坚持下去，坏脾气必定能有所改善。

# 切忌用大人的情感标准衡量孩子

> 大人和孩子的情感标准有所不同，大人由于年龄和阅历的关系，看待问题比较深刻，而孩子年龄尚小，认知水平有待提高，因此，家长切忌用大人的情感标准衡量孩子。

在孩子的成长过程中，他会遇到很多挫折，比如被老师冤枉，和同学闹矛盾，等等，这些挫折在大人看来是一件件无关紧要的小事，但是对于孩子来说，却是非常重要的事。

峰峰自从回家后一言不发，把自己关在屋子里不出来，快到吃饭的时间了，妈妈过去敲了敲门，说："出来吃饭了，峰峰。"妈妈回到厨房去拿碗筷，其间又敲了几遍门，等到桌子上的菜都摆好了，峰峰还是没出来。爸爸生气地喊道："不出来吃，一会儿饿了没人给你做饭！"

不一会儿，峰峰从房间里出来了，端着碗筷没滋没味地吃饭。

"吃饭也不好好吃，跟谁学的！"爸爸瞥了一眼峰峰，不满地说。

峰峰觉得很委屈，自己在学校受了一肚子气不说，回来还要受爸爸的气。峰峰不理睬爸爸，对妈妈说："妈妈，今天在学校我被老师冤枉了，上数学课的时候，身旁的盂盂跟我借橡皮，我递给他橡皮的时候恰好被老师看见了，他以为我在捣乱，就批评了我。"

"我还以为多大点事儿，老师不是没看清嘛，这点小事还要计较。"妈妈还没说话，爸爸插嘴说道。

峰峰觉得爸爸一点也不关心自己，再也不想和爸爸说话了。

峰峰受到老师的冤枉后，本想着父母会安慰自己几句，没想到却被爸爸批评了一顿。其实，从大人的角度来讲，这样的事确实是不值得一提的小事，根本没必要为此伤心难过。这是以大人的情感标准来衡量的。但是对于孩子来说，被老师批评可是一件非常重要的事，这是孩子站在自己的情感标准角度来看待的。如果大人总是用自己的情感标准来看待孩子遇到的问题，就会很容易与孩子产生矛盾，甚至破坏亲子关系。因此，父母要学会站在孩子的角度来思考问题。那么，具体该怎么做呢？下面我们给出几点建议。

### 1．理解孩子的情感标准

孩子的内心世界是非常简单的，父母应该尝试走进孩子的内心世界，建立与孩子沟通的桥梁，这样才能更好地对孩子进行情商教育。为此，父母就要学会理解孩子的情感标准，多站在孩子的角度看待问题。比如，当孩子被老师或是同学冤枉的时候，父母应想象一下自己被别人冤枉时是什么感受，再回想一下自己小时候被冤枉的事，通过这样的换位思考就能理解孩子的心情了。

### 2. 不要忽视孩子的心理需求

一般来说，孩子遇到的事不是什么大事，但是由于孩子的心理调节能力弱，即便是一些小事也可能会影响到孩子的情绪。这时如果家长抱着不以为然的态度，孩子就会误认为大人不关心自己。因此，父母一定不要忽视孩子的情感需求，无论孩子遇到什么事，只要孩子需要，都应该给予他建议和安慰。

### 3. 帮助孩子向自己的情感标准靠拢

由于受年龄、阅历等方面的限制，孩子的情感标准有时会有些狭隘，不能正确地看待问题，这时我们要帮助孩子逐渐向自己的情感标准靠拢。比如教会孩子理性、客观地看待问题，不要被自己的冲动情绪所左右。不过需要注意的是，父母应该准许孩子有不同的意见，也不要强行向孩子灌输自己的价值观。

## 切莫人前教子，孩子也要面子

父母越不宣扬子女的过错，则子女对自己的名誉就越看重，因而会更小心地维护别人对自己的好评。若父母当众宣布他们的过失，使他们无地自容，他们越觉得自己的名誉已受到打击，维护自己名誉的心思也就越淡薄。

——约翰·洛克

　　在中国有句古话叫"人前教子，背后教妻"，但是在教育孩子的时候，"人前教子"其实是一种教育误区。有些家长时常当众批评孩子，觉得这样孩子才能"长记性"，然而事实并非如此，因为孩子也有自尊心，父母当众批评孩子，很可能会损害孩子的自尊心，打击孩子的自信心。而父母如果懂得尊重孩子的自尊心，保护孩子的面子，则会取得较好的教育效果。

一天，妈妈带着5岁的舒舒参加朋友聚会，在吃饭的时候，几个小朋友抢着吃一盘拔丝苹果，舒舒也特别喜欢吃，结果他把半盘拔丝苹果都弄到了自己碗里，堆得高高的，后来没吃完浪费了。舒舒是几个孩子中最大的，理应懂事些，谦让一下小弟弟、小妹妹，可是舒舒并没有表现出应有的礼貌大方。看着舒舒这么不懂事，妈妈心里很生气，不过她并没有当众批评他，而只是递给他一个严肃的眼神，然后决定回家后再和他讲道理。

回到家后，妈妈把舒舒叫到自己身边，说："你还记得妈妈给你讲过的孔融让梨的故事吗？"舒舒回答："知道。""那你知道今天自己错在哪里了吗？"妈妈继续问。"我知道，但是看到他们都在抢，我就没忍住……"舒舒低着头不好意思地说。

妈妈语重心长地对舒舒说："今天你应该是小弟弟、小妹妹们的榜样，但是你并有这么做，不过妈妈也没有当着他们的面批评你，这是因为妈妈看到他们总是'哥哥、哥哥'地叫你，可见你在他们心中是有威信的，如果妈妈批评了你，就会破坏你在他们心目中的形象。所以妈妈今天给你留了面子，不过妈妈希望你能认识到自己的错误，以后改正。"

"谢谢妈妈，我知道错了，我会改正的。"舒舒认真地说。

试想一下，如果舒舒妈妈在饭桌上立即批评了孩子，指责舒舒不懂礼貌，舒舒的自尊心必定会受到伤害，幸亏妈妈并没有这么做，而是在事后说教，让他认识到了自己的错误。

　　每个孩子都有这样那样的缺点，也会犯各种各样的错误，当孩子犯了错，重要的是让孩子认识到错误并去改正，而当面批评孩子显然不是一种聪明的做法。那么，父母怎样才能做好"人前不教子"呢?

### 1. 不在公共场所评论孩子是非

　　如果是在公共场所，当孩子表现得不好，或是做了错事的时候，不要评论孩子的是非，否则孩子可能会无地自容，感觉到自己的名誉受了打击，且家长越是批评，孩子越是不听劝说。这时父母应该冷静下来，等到事情过了，再私下进行批评教育。当然，对孩子进行批评教育时，家长还要弄清楚事情的来龙去脉，不要不分青红皂白随便批评孩子。

### 2. 不拿孩子和其他孩子做比较

　　一些父母在教育孩子的时候总喜欢拿自己的孩子和其他孩子比较一番，以此想让孩子听话、懂事，比如孩子不懂得与人打招呼，就对孩子说："怎么这么没礼貌，你看看人家强强。"

　　听到这样的话，孩子会很难堪，也会很伤心，索性一句话不说，心想：反正我就是个不讲礼貌的孩子，让他们说去好了。这样孩子就会产生破罐子破摔的心理。

　　其实，每个孩子都有自己的优缺点，父母在教育孩子的时候，千万不要拿孩子和其他孩子比较，这样很可能会伤害孩子的自尊心，让孩子变得自卑。

### 3. 用肢体语言来提醒孩子

家长可以通过巧妙地使用肢体语言来做到人前不教子。比如，家里来了客人，孩子站在一旁好奇地打量着陌生人，却没有主动打招呼，这时父母可以朝孩子递一个眼神，或是朝孩子努努嘴，示意他向客人打招呼。一般来说，孩子对于父母的肢体语言都能心领神会。

## 孩子高情商养成记：培养健康的情绪模式

什么是高情商？其实在我看来，所谓高情商，最重要的标准是具有强大的情绪处理能力，即能管控好自己的情绪，不会被负面情绪冲昏了头脑。

这一点说起来容易，做起来难。我们经常可以看到一些人自我克制能力特别强，泰山崩于前而面不改色，其实他们的内心已经慌乱不已，我认为这种强行压制自己内心情绪的表现不能称之为高情商。

在我看来，高情商应该是一种健康的情绪模式，在这种情绪模式的作用下，人的内心能保持积极的情绪，不被负面情绪所占据，即使偶尔"大意失荆州"，也能很快处理好。

因此，在对孩子进行情商教育的过程中，我特别在意对孩子健康情绪模式的培养。那么具体说来，究竟什么是健康的情绪模式呢？我们来举一个例子。

两个成绩差不多的孩子在一次考试中都没考好，其中一个孩子的反应是：这下完蛋了，回家准挨批评，我怎么这么笨呢？另一个孩子的反应是：这次比上次进步了一点点，下次争取少犯错误，多拿分数！

　　对于考试没考好这件事，两个孩子产生了不同的情绪反应：第一个孩子心情糟糕，自怨自艾；第二个孩子则看到了积极的因素——自己进步了，这便是一种健康的情绪模式。

　　那么，该怎样培养孩子这种健康的情绪模式呢？根据我的教子经验，我认为大家需要注意以下几点事项。

　　首先，要满足孩子的合理性需求。那么孩子需要什么呢？需要爱、自由、赞美、批评、信任……这些都是孩子成长过程中必需的，不管少了哪一项，都会让孩子的情绪模式失衡。比如，孩子从小得到的批评远远多于赞美，那么孩子的心底就可能会埋下压抑的种子，形成一种不健康的情绪模式。

　　其次，要给孩子真正的陪伴。为什么说是真正的呢？那是因为现在很多父母看似是一直陪伴在孩子身旁，其实和孩子交流甚少。比如，我们经常可以看到这样的情景：孩子在一旁写作业，父母美其名曰在一旁监督，实则是在玩游戏，或是盯着手机屏幕刷微博。这种无效陪伴根本不能给予孩子需要的情感交流和安全感，孩子会很容易受到坏情绪的侵扰。

再次，要教孩子认识自己和他人的情绪。上面两点，都是讲父母自身应该怎么做，现在我讲讲父母应该教导孩子做什么。比如平时，我经常会问儿子"你是不是感到很愤怒""那个小朋友是不是哭得很伤心""那个叔叔是不是在生气"等问题。就是通过这样的提问，让儿子渐渐认识了各种情绪。

最后，要教孩子凡事往好处想。孩子在成长的过程中必定会遇到很多不如意之事，家长要教会孩子从消极情绪中找到积极的因素。比如，有一次我开车带儿子去超市，还没到停车场，远远望去全是车，儿子嘴里嘟囔着："这么多车，肯定找不到停车位了。"我对儿子笑了笑说："别担心，说不定里面有很多空车位等着我们呢，只不过大家不愿意把车子停到里面。"儿子马上回应："对啊，上次也是这样。"当我们开车进去的时候，正如我们料想的那样，里面确实有很多停车位。

当然，这只是我在教育孩子过程中的一点看法和建议，希望对大家能够有所帮助。在这里，希望所有阅读本书的家长都能从中找到适合自己的教子方法，逐渐将孩子培养成一个情商高手！